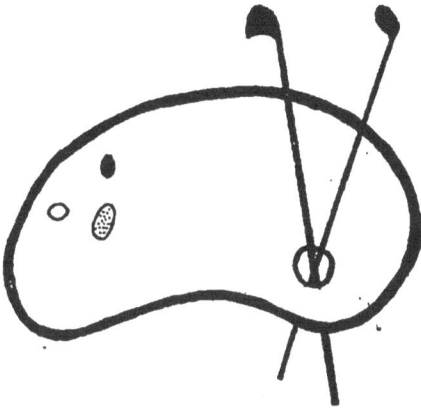

DEBUT D'UNE SERIE DE DOCUMENTS
EN COULEUR

ÉTUDES ETHNOGRAPHIQUES ET ARCHÉOLOGIQUES

SUR

L'EXPOSITION COLONIALE ET INDIENNE

DE LONDRES

PAR

LE Dr E.-T. HAMY

Conservateur du Musée d'Ethnographie.

❧

PARIS

ERNEST LEROUX, ÉDITEUR

28, RUE BONAPARTE, 28

1887

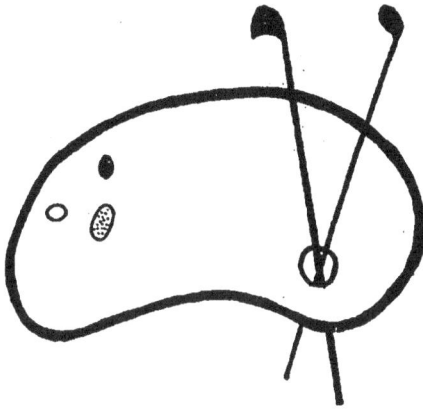

FIN D'UNE SERIE DE DOCUMENTS
EN COULEUR

ÉTUDES ETHNOGRAPHIQUES ET ARCHÉOLOGIQUES

SUR

L'EXPOSITION COLONIALE ET INDIENNE

DE LONDRES

Extrait de la *Revue d'Ethnographie*.

ÉTUDES ETHNOGRAPHIQUES ET ARCHÉOLOGIQUES

SUR

L'EXPOSITION COLONIALE ET INDIENNE

DE LONDRES

PAR

Le Dʳ E.-T. HAMY

Conservateur du Musée d'Ethnographie.

PARIS

ERNEST LEROUX, ÉDITEUR

28, RUE BONAPARTE, 28

1887

A

M. A. DE QUATREFAGES

MEMBRE DE L'INSTITUT,

PROFESSEUR D'ANTHROPOLOGIE

au Muséum d'Histoire Naturelle.

ÉTUDES ETHNOGRAPHIQUES ET ARCHÉOLOGIQUES

L'EXPOSITION COLONIALE ET INDIENNE

DE LONDRES

Aucune des grandes expositions, générales ou spéciales, qui se sont succédé depuis quelque temps dans les capitales des deux mondes, n'a offert pour les hommes de science un intérêt comparable à celui que présente la *Colonial and Indian Exhibition*, ouverte depuis le commencement de mai à South-Kensington.

Cette magnifique exposition est entreprise par les Anglais dans un but essentiellement politique ; ils veulent, avant tout, resserrer entre certains groupes coloniaux et la mère-patrie, des liens qui se sont beaucoup relâchés dans ces dernières années.

Les inspirateurs de l'exposition de Londres ont cherché en même temps à stimuler les instincts mercantiles de leurs compatriotes en leur faisant plus intimement connaître les vastes champs ouverts à l'esprit d'entreprise et au génie commercial de la race dans les immenses domaines britanniques.

Pour atteindre ce dernier objectif, ils ont réuni dans un local approprié, les matériaux de toute sorte qui peuvent servir à mieux apprécier l'histoire et la géographie, les ressources de toute nature, l'état social, etc., etc., des territoires actuellement soumis à la domination dite *impériale*.

1

La science de l'homme a nécessairement une large place dans un pareil programme à côté des autres sciences, et un groupe, le XIIe, a été organisé par la commission royale, pour recueillir les documents qui concernent l'ethnologie et l'archéologie, aussi bien que les collections relatives à l'histoire naturelle proprement dite.

Pour répondre au désir des commissaires royaux, toutes les commissions coloniales, ou bien peu s'en faut, se sont mis à réunir des matériaux ethnographiques, et les ensembles ainsi constitués sont souvent assez riches pour frapper considérablement les visiteurs les moins instruits, et apporter à nos connaissances spéciales des compléments d'information d'un véritable intérêt.

J'ai examiné avec le plus grand soin ces collections ethnographiques coloniales et indiennes, au cours d'un récent voyage à Londres. Le travail que l'on va lire résume, aussi fidèlement que possible, ce que j'ai pu recueillir sur les indigènes si divers qui ont peuplé ou peuplent actuellement les colonies du Royaume-Uni.

Je commencerai cet exposé rapide en condensant, en quelques paragraphes, les documents relatifs à l'ensemble des territoires que les Anglais désignent tous ensemble sous le nom d'*Australasia* et qui comprennent les colonies fondés sur le continent australien, la Tasmanie, le sud-est de la Nouvelle-Guinée, les îles Viti et l'archipel de la Nouvelle-Zélande.

I

COLONIES AUSTRALIENNES

L'Australie ou Nouvelle-Hollande, où les Anglais possèdent cinq colonies florissantes, était exclusivement peuplée, avant sa découverte par les Blancs, d'un certain nombre de petits tribus appartenant toutes aux variétés d'une seule et même race, remarquable surtout par la juxtaposition de caractères qui ne se rencontrent guère associés ailleurs chez l'homme ; la chevelure ondulée et le facies négroïde. Depuis Torrès qui a le premier décrit sommairement ces indigènes (1606), depuis Diego de Prado y Tovar qui en a grossièrement crayonné les plus anciens portraits, jusqu'aux auteurs des monographies les plus récentes, MM. Brough-Smith (1878), R. Sadleir (1883) ou Edw. M. Curr (1886), un très grand nombre d'écrivains, plus ou moins spéciaux, ont consacré des travaux fort variés aux *Australiens*. Nous rappellerons seulement que c'est Dampier qui a décrit pour la première fois, avec quelque précision, les caractères physiques de ces indigènes, et Parkinson qui en a donné le premier portrait un peu ressemblant; que Blumenbach a fourni les premiers renseignements exacts sur leur conformation céphalique; que Péron a publié les premiers documents sur leur ethnographie; que c'est Lindt qui a édité les premières bonnes photographies de naturels; enfin que c'est le comité de Melbourne qui a fait faire pour notre Exposition universelle de 1867, les premiers moulages d'après nature exécutés sur des indigènes du continent austral.

Cette exposition de 1867 avait d'ailleurs groupé à Paris un si grand nombre de matériaux, réunis un peu partout sur le grand continent océanien, que les comparaisons qu'on en a pu faire ont considérablement avancé l'étude de l'ethnographie australienne [1].

L'exposition actuelle ajoute assez peu de chose à ce que nous avons alors appris *de visu* sur les mœurs, les coutumes et les industries indigènes. Elle éclaire cependant de certaines lumières nouvelles l'ethnographie de quelques peuplades et notamment de celles de l'ouest australien.

Western Australia. — L'Australie Occidentale, la plus anciennement explorée des terres dont l'ensemble forme le continent méridional, est pourtant demeurée jusqu'aujourd'hui la portion la

---

1) Ces pièces, distribuées après l'Exposition entre le Muséum d'Histoire naturelle, le Musée des Antiquités nationales et quelques particuliers, ont fini par se retrouver réunies pour la plupart au Musée du Trocadéro. M. Montefiore, par exemple, qui en possédait une partie, nous a récemment offert sa collection, et le Musée de Saint-Germain n'a conservé des choses qui lui étaient venues en 1867 que quelques termes de comparaison : pierres emmanchées et bois gravés.

moins connue de ce vaste ensemble. Les cantons du Sud-Ouest
ont bien été en partie colonisés et 33,000 blancs environ, presque
tous d'origine anglaise, y sont aujourd'hui établis, mais les
régions du Nord-Ouest sont restées très peu fréquentées et, sauf
quelques tribus du littoral vues par les expéditions de Baudin,
de Grey, etc., on ne sait rien ou presque rien des indigènes.

Lorsque les statisticiens de Swan-River viennent nous assurer
que le nombre des Australiens qui vivent dans le périmètre de la
colonie, ne dépasse pas 2,346, nous devons donc entendre seulement qu'il a été recensé 2,346 individus dans les limites où
s'exerce l'action des agents britanniques. Un tiers du territoire
occidental, au moins, échappe absolument à leur contrôle et l'on
devra grossir, dans de fortes proportions, le nombre des Australiens actuellement vivants dans la colonie de l'Ouest.

L'exposition, où j'ai trouvé les résultats numériques que je
critique, présente au visiteur les mêmes séries de pièces ethnographiques montrées à toutes les expositions précédentes, mais
en y ajoutant toutefois des documents sur l'intérêt desquels j'insisterai plus loin.

Ce qui frappe au plus haut degré l'ethnographe dans toute
exhibition d'objets indigènes de l'Australie occidentale, c'est
l'aspect extraordinairement primitif des choses qui la composent.
Nul autre peuple au monde, sauf peut-être quelques petites tribus
du centre de l'Amérique du Sud, ne s'est maintenu jusqu'à nos
jours, dans une situation aussi rudimentaire, que les naturels de
l'Ouest australien. C'est chez ces sauvages qu'il faut aller, pour
retrouver un état matériel analogue à celui dans lequel devaient
vivre les premiers hommes de notre Europe quaternaire. Ils utilisent, en effet, encore aujourd'hui, un instrument en pierre dont la
forme est très voisine de celle des haches de Saint-Acheul
(fig. 1, n° 5) et leurs lances, leurs massues, leurs couteaux, etc.,
sont armés d'éclats de roches, où le travail humain est si peu accentué, quand il existe, qu'il échappe aux yeux de la plupart de ceux
qui le recherchent. Les planches des grands ouvrages consacrés à
l'Océanie, celles de Dumont d'Urville ou d'Angas en particulier,
ont représenté quelques-uns de ces engins dont la partie active

est formée d'éclats de quartz, de silex, ou encore, depuis la colonisation, de débris de verre de bouteille. Appliqués le long du bois, les fragments de pierre (*ibid.*, n°˙ 1 et 9) sont fixés à ce dernier au moyen d'une couche de gomme noire et brillante, produit d'une *xanthorrhée*, vulgairement appelée *black boy gum*.

Que l'on suppose un instrument ainsi confectionné, lance ou couteau, abandonné aux chances habituelles de destruction, le bois pourrira, la résine sera décomposée et il ne demeurera que les minces fragments de pierre, souvenirs insuffisants de nos primitifs armuriers.

Ces indigènes de Western-Australia utilisent, paraît-il, deux gommes de propriétés un peu différentes; la moins liante est employée pour assurer les barbelures de pierre ou de verre des lances, afin qu'elles puissent se détacher par le choc et rester dans la blessure que l'arme aura produite. La gomme la plus résistante est usitée pour fixer les armatures des couteaux, des *dowark*, des *woomera*, etc., et pour attacher à son manche la hache primitive dont il était question plus haut.

Ce dernier instrument (fig. 1, n°˙ 4 et 5) généralement taillé dans du silex ou de la diorite, aiguisé le long de son tranchant, est aussi parfois employé sans avoir subi, au préalable, le moindre polissage. L'exposition actuelle nous montre un exemplaire ainsi éclaté, que l'on prendrait assez volontiers pour une hache amygdaloïde des alluvions de la Somme ou de l'Ouse. L'emmanchure, qui pourrait d'ailleurs s'appliquer fort bien à la plupart des pierres taillées en langue de chat ou en amande, consiste en une bande flexible de bois ou d'écorce, ployée en anse autour de la pierre et dont les deux extrémités, ramenées ensemble et solidement attachées l'une à l'autre, à l'aide d'un collier de peau, viennent former la poignée de l'arme ou de l'outil.

Les *dowark* représentent des bâtons plus ou moins longs et plus ou moins droits, armés au bout d'un gros éclat de silex, aussi enchâssé dans la résine. Les Australiens occidentaux s'en servent pour creuser le sol à la recherche des racines comestibles; ce sont encore à l'occasion des armes de jet ou des massues. Le *coondi* ou *comdi* est un simple couteau de silex ; sous le nom de *cundy* on l'emploie à pratiquer la circoncision, dans les tribus de la rivière Murchison.

A côté de ces curieuses choses figurent dans les panoplies et les vitrines de Western Australia un nombre considérable d'objets plus connus : ce sont des *kyleys* (boumerangs) les uns plus incurvés et moins anguleux, ce sont ceux du Nord ; les autres, ceux du Sud, aux angles plus accusés et aux courbes moins fortes; ce sont des *woomera*, leviers en bois dur à chasser la lance, d'un ovale court et large, armés d'un crochet en os de kangourou, fixé avec le *black boy gum* ; ce sont des massues coudées au bout ou terminées par un renflement ovoïde; ce sont des *wonda*, boucliers étroits et longs, arrondis à leurs extrémités, ornés de stries colorées en rouge, et diversement coupées et munis d'un manche vertical ménagé en saillie dans la masse même du bois qui forme l'arme (fig. 1, nᵒˢ 5 et 6).

Ce sont enfin les fameux *message sticks* appelés *boombœrro*, qui servent tout à la fois de moyen de communication entre les tribus et de passe port ou sauf-conduit pour les Australiens en voyage. L'exposition de Western Australia renferme un certain nombre de ces bâtons, qu'il sera fort intéressant de comparer à ceux que M. Bastian et quelques autres ethnographes ont récemment publiés.

Le *mero* est une espèce de diable que l'on fait tourner au bout d'une corde dans les corrobories. La pierre de *bulya* est une pierre magique ; le sorcier ou *bulya* souffle dessus, s'en frotte la poitrine, puis l'applique, en prononçant certains mots, sur la partie blessée ou malade. « Les possesseurs d'une semblable pierre sont supposés avoir le pouvoir d'envoyer des maladies et même la mort à ceux qui les ont offensés. »

Un dernier mot à propos des ornements peu connus portés dans leurs fêtes de tribus par les Australiens de l'Ouest. Ce sont, outre les plumes de l'ému et du chocolocal, le *knoolyumbidda*, fait en bois de sandal, que l'on passe dans le nez des jeunes hommes, lorsqu'on le perce pour la première fois, et qui doit rester dans la blessure jusqu'à sa cicatrisation, le *yowada*, taillé dans un fémur de kangourou, sorte d'épingle à cheveux ou d'ornement de tête, le *bouka*, pièce de vêtement fabriquée avec la peau du même animal, etc., etc.

South Australia. — Les indigènes de la côte méridionale de South Australia participent, dans une certaine mesure, aux caractères que nous venons de signaler chez leurs voisins de l'Ouest, et Angas, qui a fait une étude fort attentive de leur ethnographie, a parfois retrouvé parmi leurs tribus les plus occidentales des choses identiques à celles de Swan River.

Ces identités sont toutefois assez exceptionnelles, et l'ensemble des instruments des Australiens du Sud se présente généralement avec une physionomie spéciale que l'Exposition de Londres met bien en évidence sans rien ajouter toutefois à ce que le grand atlas d'Angas nous en a appris depuis 1847.

Les planches, III, V, VI, XI, XV, XVIII, XXI, XXII, XXIV, XXVII, XXX, XXXII, XLVII, LI, LVI, de cette importante monographie, ont donné les détails les plus circonstanciés sur l'habitation, les ustensiles, le vêtement, les parures, les armes, etc., des tribus encore aujourd'hui assez nombreuses du territoire méridional, et les artistes locaux semblent bien s'être inspirés de quelques-unes de ces figures pour la confection des scènes de la vie australienne qu'ils ont ingénieusement disposées sous les yeux du public anglais à l'une des entrées de la *South Australia Court*.

C'est bien, par exemple, le pêcheur de la rivière Murray (pl. xxx), dans son frêle canot d'écorce (*mungo*), que M. A. Saupe nous montre brandissant sa longue fouène à double pointe. A côté se présente un autre Australien du Sud, armé de la lance et du boomerang. Un peu plus loin, un troisième indigène fait du feu, en tournant un bâtonnet avec les mains dans une planchette à trous qu'il tient à plat avec l'un de ses pieds ; une pauvre femme s'abrite dans une méchante hutte, etc., etc.

Tout cela est un peu sommaire d'exécution, fort naïf, mais fort sincère, et bien encadré dans des décors assez habilement disposés.

Les collections d'objets exposés par MM. J.-W. Jones,

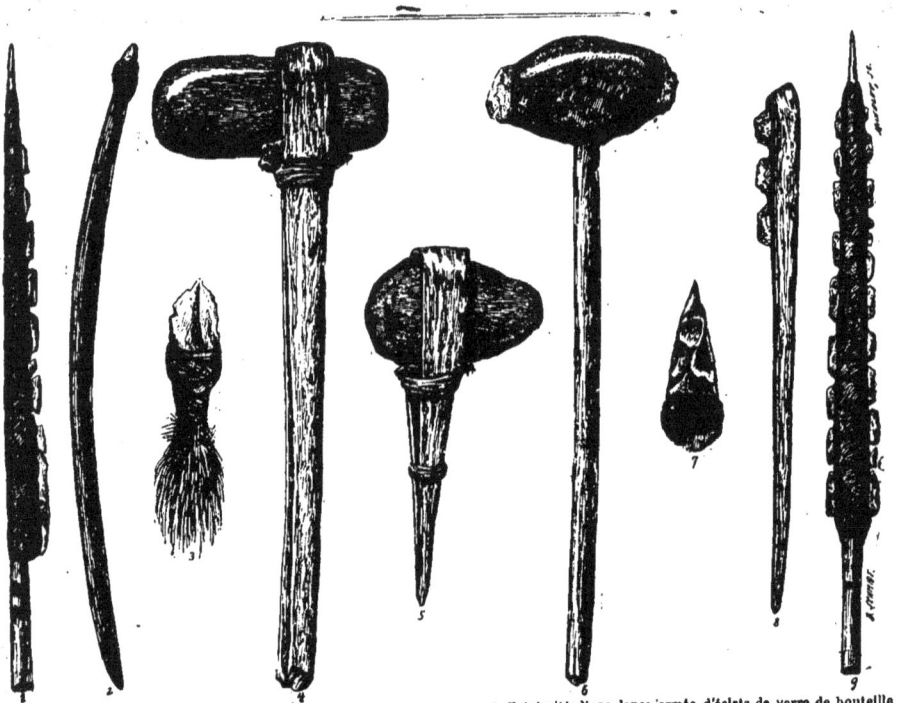

Fig. 1. — ARMES ET INSTRUMENTS DE PIERRE DES DIVERSES TRIBUS AUSTRALIENNES. — 1. Extrémité d'une lance armée d'éclats de verre de bouteille (Western Australia). — 2. *Dowark* armé d'un éclat de silex (*id.*). — 3 Couteau de quartz emmanché (Moreton Bay) d'après Angas. — 4. Hache polie emmanchée (Gippsland, Victoria). — 5. Hache taillée emmanchée (Western Australia). — 6. Marteau emmanché (*id.*). — 7. Pointe de lance en roche volcanique enchâssée dans le *black boy gum* (Hanover Bay, N. West Coast). — 8. Scie en éclats de quartzite emmanchés. (Western Australia). — 9. Lance à double rangée d'éclats de quartz (*id.*).

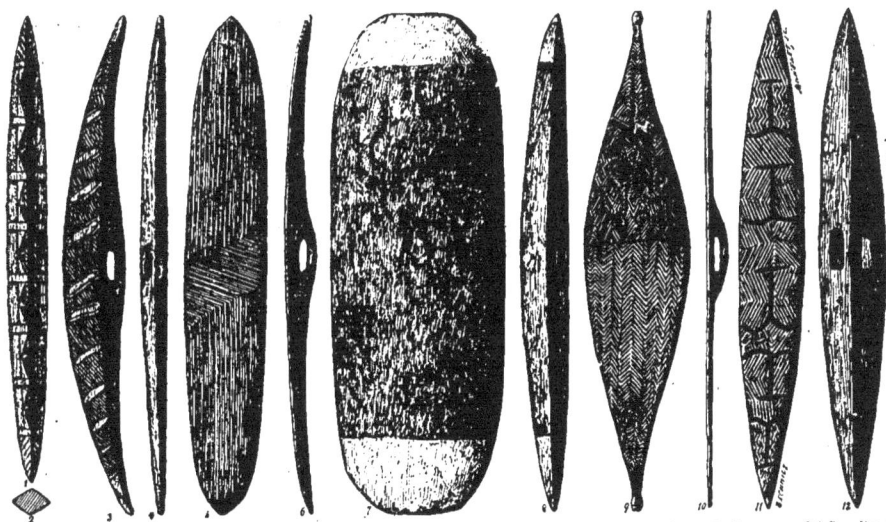

Fig. 2. — Principaux types de boucliers des indigènes australiens. — 1. Petit bouclier à quatre pans (Victoria). — 2. Sa coupe — 3-4. Bouclier dit *Drum mung* ou *Tawarang* (Haut-Murray, Victoria et N. S. Wales). — 5-6. Bouclier dit *Wonda* (Western Australia). — 7-8. Bouclier dit *Goon-tan* (Rockhampton Queensland). — 9-10. Bouclier dit *Mullabakha* (Darling, N. S Wales). — 11-12. Bouclier à trois pans (South Australia).

W.-B. Wilkinson, le protecteur des aborigènes, et la Commission officielle, se composent d'armes défensives et offensives, d'ustensiles, etc., dont les plus curieux viennent du Nord (*Northern Territory*). Il y a, entre autres objets particulièrement intéressants, dans la collection Wilkinson, des lances armées de pointes de pierres qui rappellent tout à fait celles de la célèbre grotte de Moustier; dans la collection Jones, on peut voir d'autres pièces moins connues encore, un sac qui contient les charmes, etc., en usage dans la cérémonie de la circoncision, des garnitures de pieds destinés à effacer les traces des pas, des ornements de pierre, etc., etc.

Le territoire du Nord, rattaché provisoirement à *South Australia* en 1863, et d'où proviennent ces dernières choses, comprend la ligne de côtes situées entre 129 et 138° à l'est du méridien de Greenwich. C'est la partie de la colonie qui a conservé le plus de noirs. *South Australia* (Sud de l'Australie et territoire du Nord) renfermerait en tout, suivant les statistiques faites pour l'Exposition, 6,346 indigènes, dont 3,678 du sexe masculin et 2,668 du sexe féminin. La population d'origine européenne s'élevant à 279,865 individus, la proportion des noirs aux blancs est de 22/1000. Les chiffres relevés plus haut apprennent qu'il s'en trouve 40 pour 100 environ dans la colonie de l'Ouest.

Victoria. — A Victoria, les indigènes sont relativement bien moins nombreux. Le million de blancs qui forme cette colonie du Sud-Est a presque complètement anéanti les quelques milliers de noirs qui erraient autrefois sur tout le littoral.

Le peu d'Australiens qui ont survécu à l'invasion britannique sont aujourd'hui réservés, au nombre de 500 ou environ, à Koranderrk, aux bords des lacs Hindsmarsh, Condah et Tyers, à Framlingham et à Ramayeck, et s'il existe encore des familles indépendantes, elles sont reléguées dans l'angle nord-ouest de la colonie.

Ce sont deux de ces familles que M. A. Saupe nous montre dans les groupes pittoresques qui ornent l'entrée de *The Victorian Court*. Je dois à l'amabilité de M. Ch. Joly les deux clichés ci-joints (fig. 3 et 4), qu'il a fait exécuter d'après des photographies rapportées de Londres.

Le premier nous montre deux Australiens accroupis sous l'abri rudimentaire qui leur sert d'habitation : l'homme dépouille un opossum, la femme prépare le feu pour cuire la bête ; un enfant, couché sur le ventre, dans les herbes, regarde ces préparatifs. Un dingo avec son jeune, quelques armes grossières et quelques ustensiles complètent la mise en scène qui est très vivante et mérite vraiment la vogue dont elle jouit auprès des visiteurs de l'Exposition.

On remarque sur les planches, qui forment le linteau de cette hutte primitive, deux gravures indigènes grossières mais animées, représentant l'une un combat que se livrent deux guerriers, l'autre un émeu poursuivi par un chasseur.

Le second groupe (fig. 4) nous met en présence de deux autres sauvages de Victoria : l'homme, armé de sa hache emmanchée (voyez fig. 1), guette, la main au front, le gibier qu'il poursuit. Sa femme l'accompagne, chargée des ustensiles nécessaires au ménage nomade.

Nous rencontrons un peu plus loin quelques-uns des bustes de la collection de Melbourne, dont je rappelais plus haut les origines ; le Musée technologique de cette ville a fait exécuter en terre cuite ces excellentes pièces dans un de ses ateliers. Plus loin encore, M. Lindt nous montre de nouveau les photographies si caractéristiques dont il a souvent exposé déjà des épreuves, tandis que le capitaine Page, secrétaire du bureau de la protection des indigènes, nous initie à la vie quotidienne de ses administrés dans les *Reservations* [1].

New South Wales. — L'ethnographie des Nouvelles Galles du Sud est représentée par quelques photographies de M. Lindt,

---

1) Pour des raisons financières, nous dit-on, la Tasmanie s'est abstenue de figurer à l'Exposition coloniale de Londres. Nous n'avons pas à le regretter à notre point de vue spécial. Nos lecteurs savent, en effet, que cette terre qui nourrissait 7,000 insulaires au commencement du siècle, n'en contient plus actuellement un seul. La race tasmanienne a été violemment détruite, et les 7,000 noirs ont fait place à 130,000 blancs environ.

déjà nommé, de MM. Kerry et Jones, de Sydney, de M. William Wark, de Kurrajong, et par d'importantes séries d'objets

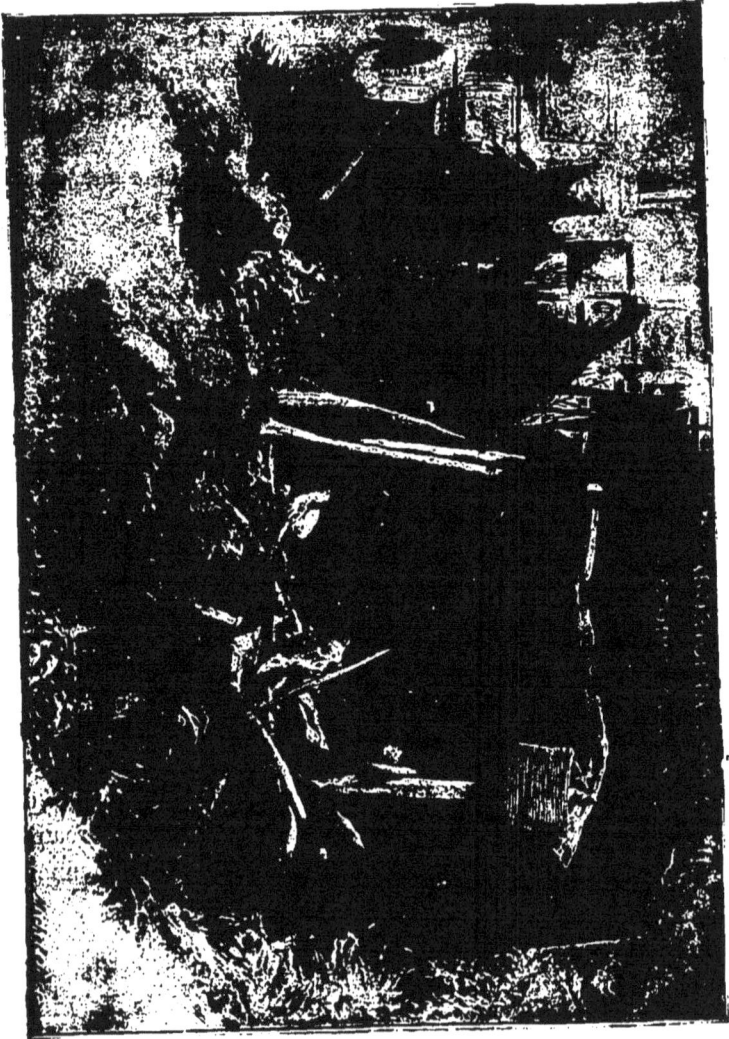

Fig. 3. Campement d'Australiens de Victoria (d'après une photographie communiquée par M. Ch. Joly).

confiés par l'*Australian Museum* et MM. A. Cox, Liversidge et Palmer. Malheureusement ces quatre collections, dont chaque pièce a sa provenance nettement établie, et qu'il eut été d'un grand intérêt de pouvoir étudier dans tous leurs détails pour les comparer entre elles, ont été confondues ensemble dans

Fig. 4. Groupe d'Australiens de Victoria (d'après une photographie communiquée par M. Ch. Joly).

d'énormes panoplies et placées beaucoup trop haut pour qu'on puisse en déchiffrer les numéros d'ordre.

J'ai regretté d'autant plus vivement cette installation défectueuse, que MM. Liversidge et Arthur Cox avaient envoyé de nombreux objets très caractéristiques des Nouvelles Galles du Sud, au voisinage desquels ils avaient demandé qu'on plaçât, comme termes de comparaison, des haches emmanchées, des ciseaux montés, des bois sculptés, etc., etc., des divers Archipels Mélanésiens et Polynésiens, de Victoria et de Queensland. Les commissaires ont confondu toutes les séries les unes avec les autres, si bien que ces excellents matériaux d'étude, intelligemment présentés par les exposants, sont demeurés inutilisables.

Queensland. — Les treize petites collections locales de Queensland ne sont guère mieux présentées au public. Il est vrai que les inconvénients qui résultent des confusions commises, sont ici beaucoup moins graves. Les panoplies de Queensland ne renferment d'abord aucun objet étranger au pays. En second lieu, les Australiens, qui se sont maintenus en fort grand nombre (70,000) dans les immenses territoires presque inconnus qui forment le nord de la colonie, ont presque tous à peu près le même genre de vie et les variations ethnographiques observées d'une tribu à l'autre sont de peu d'importance. On rencontre partout la hache en pierre polie à son tranchant, la lance en bois barbelée avec son woomera, le bouclier de bois léger (*gúon-tan*) ovale, en partie blanchi ou noirci (fig. 2, n°° 7, 8), et dont la poignée est ménagée dans l'épaisseur même de la pièce, les massues en forme de tête de casoar ou de quelque autre oiseau, etc., etc. Ce n'est que dans les îles du détroit de Torrès que le métissage papoua s'accentue dans le mobilier, aussi bien que dans le type. On voit notamment intervenir dans l'armement des Kowraregas le casse-tête garni d'un disque à bord tranchant, l'une des pièces favorites des habitants des petites îles qui bordent la côte sud de la Nouvelle Guinée.

British New-Guinea. — Queensland et les Nouvelles-Galles du Sud se disputent l'honneur de faire connaître aux visiteurs de l'Exposition coloniale l'ethnographie de cette grande terre

dont les Anglais et les Allemands se sont tout récemment partagé la moitié orientale. Le territoire devenu anglais, limité
par le 140° degré de longitude est, du côté de la Nouvelle-Guinée
hollandaise, s'avance sur la côte orientale jusqu'au 8° parallèle
sud, et comprend par conséquent toute la grande presqu'île du
Sud-Est, avec les nombreuses îles qui en dépendent, jusqu'au
cap Délivrance.

Il n'est pas de pays au monde plus curieux pour les ethnographes ; deux races s'y juxtaposent, toutes deux restées à l'âge
de la pierre, et cependant remarquables, l'une et l'autre, par
l'ingénieuse utilisation des matériaux divers qu'elles ont à leur
portée et les variations étonnantes qu'elles leur font subir dans
le décor et dans la forme.

Les tribus de ces deux groupes étaient fort rarement visitées
il y a vingt ans encore, et lorsqu'en 1873 M. Moresby conduisit
ses belles explorations tout le long de leurs côtes, un bon
nombre d'entre elles étaient complètement ignorées des Blancs.
Aussi se sont-elles présentées aux explorateurs sous l'aspect le
plus saisissant. Vierges de tout contact avec la civilisation, elles
avaient continué à vivre comme vivaient les ancêtres quand
ils envahirent la contrée, et offraient une occasion tout à fait
unique d'étudier les caractères de toutes sortes d'un peuple
véritablement primitif.

Les voyageurs n'ont peut-être pas utilisé aussi complètement
que possible ces facilités exceptionnelles.

Bien des choses restent à faire notamment pour compléter l'examen scientifique des caractères extérieurs de ces sauvages, mais
presque tout ce qui se rattache aux manifestations matérielles de
l'activité humaine est bien connu dès à présent chez les insulaires
du sud-est de la Nouvelle-Guinée et des petits archipels voisins.
Des ethnographes attentifs comme M. Hugh Hastings Romilly, ou
comme M. Théodore-F. Bevan ont formé et nous montrent des
collections étonnantes, qui permettent d'étudier dans leurs détails
les mœurs et les coutumes des Néo-Guinéens orientaux et de les
comparer à celles des insulaires des autres archipels océaniens.
Ces rapprochements permettront de se faire une idée plus exacte

de la prépondérance relative des deux races qui ont formé les tribus papoua-polynésiennes de cette portion de la Mélanésie.

Je n'ai pu, au cours de ma visite à l'exposition de Queensland, que relever très rapidement une sorte d'inventaire sommaire de la collection Romilly [1]. L'une des pièces qui attirent tout d'abord l'attention dans ce merveilleux ensemble de raretés ethnographiques, c'est la statue d'un danseur chargée d'un mannequin à pendentifs, comme on n'en connaît point de semblable. Qu'on

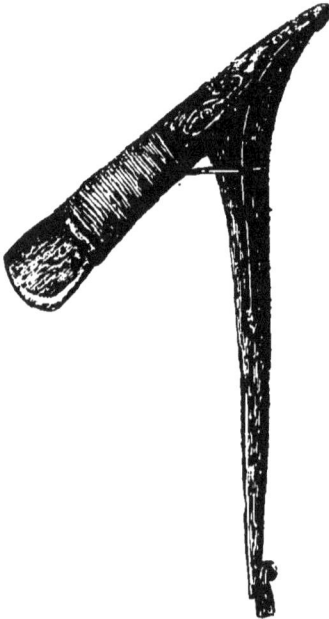

Fig. 5. Hache emmanchée
des îles de d'Entrecasteaux.

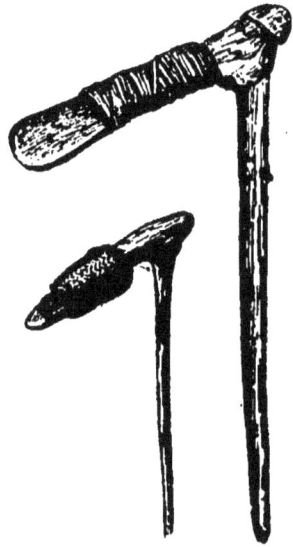

Fig. 6 et 7. Haches emmanchées
de Port Moresby.

se figure un crocodile dont la tête, horizontalement dirigée, forme en avant du porteur, au niveau de son thorax, une protubérance énorme, tandis que les pattes et la queue, redressées

1) Le possesseur des belles pièces dont il est question ici vient de publier un volume intitulé *The Western Pacific and New-Guinea, Notes on the Natives, Christian and Cannibals, with some Accounts of the old Labour Trade*. London, Murray, 1886, in-8, with a Map.

à angle droit, lui constituent un gigantesque panache. L'ensemble du mannequin est monté sur une carcasse de bois léger, recouverte d'écorce battue et peinte, brodée en paille et ornée de franges qui dissimulent presque complètement le danseur, dont on ne voit guère que le bas des jambes. L'usage de ces grands masques à pendentifs est essentiellement papoua, et l'on en connaît beaucoup d'échantillons recueillis à la Nouvelle-Bretagne, à la Nouvelle-Irlande, en Nouvelle-Calédonie, etc., mais ni les collections de Berlin, de Londres et de Paris, ni les planches de Dumont d'Urville ou de M. W. Powell ne montrent de spécimen comparable à celui que s'est procuré M. Hugh Romilly.

Vis-à-vis le danseur, et lui faisant pendant, sont placés des modèles, remarquablement exécutés par les naturels, et représentant un petit village sur pilotis, composé de cinq maisons ou hangars, de formes différentes [1].

Une grande embarcation des Motous, construite également à petite échelle par un charpentier indigène, se compose de quatre canots accolés supportant un plancher commun sur lequel est la chambre du vaisseau. Une grande voile en forme d'aile, fortement échancrée, sert de moteur à ce vrai navire de haut bord, dont le type est certainement bien plus polynésien que papoua. On s'explique aisément, en présence de semblables constructions nautiques, les migrations immenses qui ont eu pour résultat la dispersion de la race à travers le Pacifique, depuis Madagascar jusqu'à la péninsule californienne.

Presque à côté du gros canot quadruple, figure un petit canot simple, aux extrémités relevées, léger et élégant, soigneusement orné de sculptures en bois et qui rappelle de très près ceux des îles Salomon et des autres archipels de la Mélanésie orientale.

Les armes offensives et défensives sont de formes très variées dans la Nouvelle-Guinée anglaise. J'ai surtout remarqué des massues armées d'une grosse pierre en forme d'œuf, ou d'un

---

[1] Plusieurs belles photographies prises par M. H. Romilly représentent d'autres maisons aériennes installées dans des arbres à de très grandes hauteurs et reliées au sol par de longues et minces échelles.

disque étoilé, d'énormes haches en diorite montées sur un
manche court, rond ou plat (fig. 6 et 7), des boucliers en forme
d'écu, carrément échancrés du haut.

Les parures sont celles qu'a décrites M. O. Finsch, colliers,
ceintures, pendants, etc.; la pièce la plus remarquable est un
de ces ornements de guerre, ornés de corail et de nacre, appelés *musikaka*, et dont la *Revue d'Ethnographie* a donné la
représentation (t. V, p. 72, fig. 19).

Parmi les instruments de musique de la collection Romilly,
tambours, etc., je distingue une flûte de Pan à neuf tubes;
parmi les fétiches, une tête de bucéros ornée de plumes de casoar,
me rappelle le curieux mémoire de M. Pleyte, publié l'année
dernière dans cette même revue (t. IV, p. 318).

La collection néo-guinéenne de M. Theodore-F. Bevan, qui
remplit neuf grandes vitrines de l'exposition des Nouvelles-
Galles du Sud, est beaucoup plus nombreuse que celle de
M. H. Romilly (elle compte 1449 pièces) mais on y remarque
moins de choses exceptionnelles. On y voit surtout des bois
sculptés, vases de diverses formes, lances, massues, couteaux,
rames, tambours, statuettes, etc., ornés de curieuses ciselures
des types les plus variés; malheureusement, le propriétaire de
toutes ces curieuses choses les a défigurées en reblanchissant
les creux avec de la peinture, et en passant ensuite une couche
de vernis sur chaque pièce. Les dégâts occasionnés par ces
maladroites restaurations ne sont pas irréparables, mais la
collection, dans son état actuel, est singulièrement dépréciée
par tout ce maquillage. Quelques localisations intéressantes
semblent démontrées par l'étude de la collection Bevan; les
couteaux à chaux (*lime-knifes*), taillés en forme de coupe-
papiers, viendraient plus particulièrement des îles Brooker ou de
la Louisiade, les grandes haches emmanchées sur une sorte de
planche coudée (fig. 5) sortent de l'archipel d'Entrecasteaux.

Je signalerai parmi les petits instruments de la collection
Bevan, des gourdes à chaux finement gravées, de jolies cuillers
en coquilles, des coupes et des plats en calebasse. Les ornements
les plus intéressants sont des plastrons décorés de graines rouges,

des anneaux de bras en tridacne ou en paille, des dents de porcs montées, des plumets de casoar, etc. Une grande trompe façonnée à l'aide d'un buccin, une flûte de Pan à treize tuyaux, font, avec les tambours déjà mentionnés, la base de l'orchestre chez tous ces Papouas de l'Est.

D'autres collections bien moins importantes, exposées par l'*Australian Museum*, MM. Cox, Livesey, Milman et la commission de Queensland, sont utiles à examiner, même lorsqu'on a vu les deux séries exceptionnelles qui viennent d'être examinées. On y trouve en effet divers objets qui manquent à MM. Romilly et Bevan, et notamment certaines formes de boucliers dont on ne peut point malheureusement localiser nettement l'usage. On remarquera que les différences sont au moins aussi grandes entre ces diverses armes défensives qu'entre celles que nous avons figurées précédemment, d'après les documents australiens. La collection Livesey montre un modèle du radeau figuré par Mac Gillivray sous le nom de *catamaran*, et la collection Cox renferme un type d'herminette en pierre dure emmanchée, que l'on croirait sorti de la Nouvelle-Calédonie. Je n'oserais pas affirmer que cette dernière pièce ne soit pas calédonienne ; la panoplie dans laquelle elle se trouve, juxtapose en effet, dans la plus grande confusion, des massues, des haches, des boucliers, etc., du détroit de Torrès et de Guadalcanal, de la Nouvelle-Irlande et de la Nouvelle-Bretagne.

Il eut été cependant bien facile à MM. les commissaires de répartir toutes les séries de pièces sur de petits panneaux séparés ; ils auraient ainsi formé des ensembles géographiquement bien distincts, dont la comparaison aurait suggéré, sans aucun doute, des observations nouvelles d'un véritable intérêt. Ce n'est que par l'étude fort attentive des détails ethnographiques, on ne saurait trop le redire, que l'on pénétrera plus avant dans la connaissance intime des tribus océaniennes, dont l'anthropologie descriptive n'a pu qu'imparfaitement démêler les origines, les migrations, etc. Il est donc fort regrettable que l'indifférence des organisateurs de l'Exposition paralyse ainsi le bon vouloir des hommes d'étude.

Fiji ou Viti. — Les Anglo-Australiens n'ont point habitué les autres colons établis en Océanie, à beaucoup d'impartialité dans leurs relations quotidiennes. La presse de Melbourne, de Sydney, etc., manifeste une hostilité constante contre les Français, les Allemands, les Américains du Pacifique, et la littérature australasienne partage presque unanimement ces sentiments agressifs contre les étrangers.

Cet esprit querelleur et injuste se manifeste jusque sur le terrain scientifique. On chercherait vainement, par exemple, dans les monographies diverses qui se vendent à l'Exposition coloniale, un historique équitable des découvertes européennes, autres que celles des Anglais, sur le littoral des grandes terres australasiennes. J'ai lu attentivement tout un fascicule de *Her Majesty's Colonies*, l'ouvrage officiel rédigé par les commissions exotiques ; j'ai feuilleté avec soin les *handbooks* et les catalogues des diverses *Courts* australiennes, sans pouvoir y rencontrer les noms des Hollandais Dirk Hatichs, Edels, Nuyts, de Witt, Vlaming, etc., ou ceux des Français d'Entrecasteaux, Baudin, Freycinet, d'Urville, qui ont cependant créé la géographie côtière d'une bonne moitié du continent austral. J'ai vainement cherché à retrouver sur la grande carte murale de *Western Australia*, la plupart des noms imposés par les commandants de l'*Endracht* ou de la *Leeuwin*, de l'*Arnheim* ou du *Gulde Zeepaard*, du *Géographe* et du *Naturaliste*, etc., etc.

Le plus grand nombre de ces dénominations originales, qu'en l'absence de nomenclature indigène on devrait conserver avec le plus grand respect, ont été supprimées, sans aucune raison plausible, par les administrations coloniales.

Chez les agents britanniques de l'archipel Viti ou Fiji, le souvenir des tentatives des navigateurs français, russes et américains est plus soigneusement effacé encore qu'en Australie. L'historique de la colonie, que l'on nous présente à Londres, omet les noms de Dumont d'Urville et de Krusenstern et mentionne à peine, d'une façon incidente, celui de Wilkes. M. James P. Mason, le commissaire de Fiji, s'est très habilement arrangé de façon à ne point avoir à parler de nos marins, qui furent cependant les premiers à débrouiller, en 1827, ce que Rienzi a très justement appelé « le *chaos géographique* des îles Viti ». (*Océanie*, t. III, p. 299.)

L'ignorance lutte d'ailleurs avec la partialité dans toute cette exhibition fijienne. Le dédain des indigènes est poussé si loin chez MM. les membres de la commission exécutive, qu'ils ont négligé de s'assurer des provenances réelles d'une grande partie des objets qu'ils nous montrent, et qu'ils ont accumulé, dans le plus pitoyable désordre, au milieu du fouillis presque informe de leur exposition, armes et instruments, fort médiocres pour la plupart, des Nouvelles-Hébrides, des Viti, des Tonga, des Samoa, etc. Il faut être vraiment du métier pour se débrouiller au milieu de cet amas d'objets tout à fait disparates, l'insuffisance des renseignements se rapportant à ceux-là même qui proviennent incontestablement de l'archipel, interdit d'ailleurs toute appréciation sur les progrès relatifs des deux variétés de l'espèce humaine qui se sont rencontrées à diverses reprises dans ces parages, et sur l'importance proportionnelle des deux sous-races mélanésiennes récemment distinguées à Viti-Levou. Je ne vois de vraiment scientifique dans toute l'exhibition vitienne, que deux intéressants albums d'aquarelles de Miss Gordon Cumming, que j'ai découverts non sans peine au fond d'une vitrine.

L'un contient 56 planches représentant une centaine de ces poteries vernissées, particulières à l'archipel ; l'autre, composé aussi de 56 planches, fait connaître les ouvrages en bois des Vitiens, massues, lances, etc. Miss Gordon Cumming a exposé en outre une collection considérable de paysages reproduits en gravures dans le livre *At Home in Fiji* ; plusieurs de ces représentations : villages, maisons, tombeaux, canots, piliers sculptés, etc., offrent un véritable intérêt pour nos études.

Je mentionnerai, en terminant, les nombreuses suites de céramiques indigènes envoyées par MM. Blyth et Emberson, une petite série de pièces exposées avec la mention *Roko tui Kandavu*, et qui montrent les diverses phases de la fabrication des étoffes en écorce battue, un grand modèle de canot appartenant à

M. M⁰ Gregor, un large plat à *kava* porté sur quatre pieds percés, divers ouvrages en fibres de coco, etc., etc.

New-Zealand. — Autant l'exposition des îles Viti est scientifiquement médiocre, autant au contraire celle de l'Archipel Néo-Zélandais se fait remarquer par l'abondance et l'intérêt des matériaux ethnologiques qu'elle accumule sous nos yeux. C'est que la commission locale a été placée sous la direction d'un savant qui n'est pas seulement un des naturalistes les plus distingués de l'hémisphère austral, mais qui, passionné pour les recherches ethnographiques, a su créer en outre à Christchurh, dont il dirige le Muséum, un centre d'études où notre science a une large part. Sir Julius von Haast a donné à l'ethnographie la plus belle place dans la section néo-zélandaise ; une salle entière est consacrée à exposer la collection d'objets indigènes la plus complète, la plus variée, la plus intéressante qui ait été jamais réunie jusqu'à présent.

Cette collection se compose d'un petit nombre d'objets en pierre ou en os, appartenant aux tribus primitives des îles, et d'une série beaucoup plus considérable de pièces qui se rapportent aux Maoris contemporains des découvertes modernes et de la colonisation anglaise.

De ces documents, les plus anciens concernent les peuples que l'on désigne à la Nouvelle-Zélande sous le nom de *moa-hunters* ou *chasseurs de moas*. On sait que les moas sont des oiseaux brévipennes, voisins des casoars et des autruches, de tailles assez diverses et d'espèces fort nombreuses, qui constituaient, dès la période géologique immédiatement antérieure à la nôtre, le groupe le plus caractéristique de la faune néo-zélandaise. Les plus grands de ces oiseaux, le *dinornis maximus* par exemple, appartiennent à la période quaternaire et n'ont jamais été chassés par l'homme, qui au contraire, jusqu'aux derniers siècles peut-être, a utilisé la chair et les plumes des autres espèces de tailles moins élevées, d'ailleurs complètement disparues depuis lors.

Des recherches fort étendues ont fait découvrir des squelettes presque complets de moas, dont trois se voient dans

une des galeries de l'Exposition ; des empreintes laissées par
la plus grande de ces espèces dans les grès de Poverty-Bay ;
enfin, des instruments plus ou moins perfectionnés dont la présence en certains gisements d'os de moas, atteste la contempo-
ranéité de ces oiseaux et de l'homme. On n'a malheureusement
point trouvé, à ma connaissance du moins d'ossements humains
en bon état dans aucun de ces dépôts, et les instruments de
pierre ou d'os rencontrés avec les moas sont le plus souvent trop
grossiers pour caractériser un groupe humain quelconque. J'au-
rais quelques tendances, en ce qui me concerne, à attribuer un
rôle important dans la destruction des moas, aux Mélanésiens
qui ont les premiers habité l'archipel néo-zélandais, mais je
conviens franchement que les arguments ethnographiques que je
pourrais faire valoir, ne sont pas irrésistibles. Les fouilles de
M. Haast prouvent au contraire, sans réplique, qu'une partie des
moa-hunters étaient Polynésiens, et très probablement les ancêtres des Maoris de nos jours. Parmi les pièces exhumées par
notre savant collègue figurent en effet des haches polies qui sont
incontestablement d'origine polynésienne et deux hameçons en
os à auricules, presque identiques à celui que j'ai précédemment
figuré dans la *Revue d'Ethnographie*. Ce hameçon, d'un type
très spécial, vient des îles Hawaii et reproduit la forme des
hameçons des *moa-hunters*.

Ce n'est pas le seul trait commun que je pourrais relever
entre les Hawaïens et les Néo-Zélandais ; ces deux groupes d'insulaires, qui sont placés aux deux extrémités de l'aire géographique occupée par leur race, parlent un dialecte presque identique et ont conservé bien des caractères ethnographiques
communs.

Les Maoris modernes, descendants des derniers *moa-hunters*,
avaient, au moment de l'arrivée des Blancs, poussé aussi loin
que possible les arts et les industries que pratiquent les peuples
privés de la connaissance des métaux. Ils exploitaient, taillaient
et polissaient certaines roches dures, basalte, diorite, jade, et en
confectionnaient des armes, des ustensiles, des ornements variés.

L'arme de pierre la plus répandue était un gros casse-tête

dit *mere*, en forme de petite ramette, terminé par un manche en bouton faisant corps avec le reste de la pièce, et transversalement perforé.

L'un de ces *mere* ou *patou-patou*, façonné en jade vert clair (*mere-pounamou*), exposé à Londres par un collectionneur de Dunedin, dépasse 45 centimères de longueur. M. le docteur W. L. Buller, de Wellington, en montre plusieurs autres un peu moindres dans l'incomparable collection d'armes et d'instruments de toute sorte qu'il expose. Certains *mere* sont taillés dans de l'os de baleine ; il en existe en diorite, en basalte, en bois dur même. La forme varie beaucoup, on en connaît qui rappellent les coutelas de bouchers, d'autres affectent approximativement les courbes d'un violon.

M. W.-L. Buller est parvenu à se procurer une collection de ces *war-clubs* ayant appartenu aux chefs les plus connus, à Tawhiao en particulier. Il possède également de fort beaux pendants de jade [1] ; des idoles dites *heitiki*, personnages grotesques, en diverses pierres dures, la tête penchée, la langue pendante, les bras et les jambes en anses ; des ornements d'oreilles en dents de squales ; des peignes en os sculptés et incrustés de nacre, à sept et à neuf dents ; puis des haches et des ciseaux, des poids de filets à rainures, de grands hameçons armés d'une pointe d'os à crochet simple ou double, enfin des sculptures sur bois d'une finesse de travail étonnante et dont quelques-unes excitent la curiosité admirative des personnes les plus indifférentes à l'étude des arts sauvages. La pièce la plus complète, en ce genre, est le tombeau du grand chef Arawa, Waata Taranui, dont je reproduis ci-contre la photographie, que je tiens de sir Julius von Haast (fig. 8). Ce tombeau, en forme de parallélogramme, se compose de quatorze panneaux, taillés en personnages humains, reliés par des bandes

---

1) Quelle que soit la beauté de ces pièces, il n'en est aucune qui atteigne en longueur ni en éclat le pendant, exceptionnellement beau, que l'on peut voir dans une vitrine spéciale, exposée dans les Nouvelles-Galles du Sud, et qui contient des souvenirs des voyages de Cook, autographes, objets personnels, pièces de collection. Ce pendant, que l'on peut voir à côté d'un magnifique manteau de plumes jaunes et rouges offert au capitaine pendant son séjour aux îles Hawaii, mesure 35 *centimètres environ de longueur.*

Fig. 8. Tombeau du grand chef Arawa, Waata Taranui (d'après une photographie communiquée par sir J. von Haast).

de bois peintes en noir et décorées de faisceaux de plumes blanches; une cimaise sculptée court tout autour du monument et supporte en son milieu une statue de bois peinte et ornée du *moko* ou tatouage héraldique du guerrier mort.

L'entrée d'un *pataka* maori montre des sculptures de même ordre appliquées à l'ornementation d'un fronton, d'un balcon et de ses supports, etc.[1]. A côté du *pataka* se voient la proue et la poupe d'un navire, finement découpées à jour; un petit modèle de pirogue richement décoré, un porche formé de deux montants et d'un linteau sculpté : en face, d'autres belles pièces encore appellent l'attention, ce sont d'autres panneaux, des proues, des pagaies, des massues, etc., etc., couvertes à profusion de figures grimaçantes aux gros yeux ronds de nacre et de capricieuses spirales. Les pagaies se distinguent de presque tous les engins similaires par les courbures multiples, en manches de cuillers, imposées à leurs hampes, tandis que leurs pelles sculptées s'allongent en folioles aiguës.

Les massues se terminent en quart de cercle orné de pendentifs de plumes, ou en règle aplatie, et un peu étalée du bout. Les cannes sont ornées d'une tête d'oiseau à long bec, les boîtes à plumes et à bijoux, *kumata papa huia*, couvertes d'entrelacs de l'effet le plus décoratif.

L'une des vitrines de M. W.-L. Buller renferme une collection considérable d'anciens tissus de fabrication maori. Dans une autre, je vois une admirable hache en jade vert, au manche entièrement ciselé, et qui rappelle la magnifique pièce autrefois figurée par Cook. On peut contempler, quelques pas plus loin, le plâtre de la face entièrement tatouée de Wirenu Kingi Te Manewha, le chef des Ngatiroukawa. Un mannequin, très imposant, nous montre un autre type de chef de haut rang, dans son harnachement des grands jours, tandis que des mannequins de

---

1) Cette pièce est relativement moderne, mais on peut en voir une autre bien plus grande, antérieure à l'occupation anglaise, exposée dans la cour du *Sout.'t Kensington Museum*. On ne s'explique point d'ailleurs comment cette dernière pièce, particulièrement intéressante pour l'histoire de l'art sauvage, est ainsi abandonnée à l'action, si rapidement destructive à Londres, des agents atmosphériques.

femmes nous mettent en présence de deux des vêtements les plus usités autrefois chez les épouses des grands personnages maoris.

M. W.-L. Buller a fait peindre à l'huile, par un artiste juif établi à Wellington, M. G. Lindauer, toute une galerie de grands portraits d'hommes et de femmes indigènes, pour l'habillement et l'ornementation desquels il a d'ailleurs utilisé largement sa splendide collection. Les femmes, un peu lourdes de formes, sont cependant agréables, parfois même jolies ; les hommes ont une grande tournure, mais sont horriblement enlaidis par leurs tatouages.

Je remarque tout d'abord le vieil Harawira Mahitai, l'un des survivants entre les signataires du traité de Waïtangi, en 1840. Son *moko* est complet, il porte une grande barbe blanche, et s'appuie sur une longue massue en forme de rame, à tête sculptée, ornée de plumes rouges et blanches. Tawhiao, *The Maori King*, tout tatoué, sauf sur les deux pommettes, a planté dans ses cheveux quatre belles plumes blanches, et tient en guise de sceptre un *mere* d'os de baleine, en forme de violon. Le chef de la baie Hawkes, Renata Kawapo, n'a que deux plumes, son insigne est de jade, et le tatouage a respecté son front. Voici le héros d'Orakau, Hitivi Paraata, la belle Meri Nireaha, Wahanui, le grand orateur, et six autres encore qui nous montrent, sous leurs divers aspects, les étoffes fort variées, dont une énorme vitrine renferme, je l'ai déjà dit, les originaux, remarquables par leur bel état de conservation et la diversité assez inattendue de leurs décors et de leurs pendentifs.

Cette admirable exposition néo-zélandaise est complétée par une grande carte de M. James Mc Kerrow, *surveyor general*, qui montre l'état actuel de la répartition des terres dans l'archipel et le recul des indigènes devant l'immigration toujours croissante. Les derniers documents statistiques nous apprennent qu'il n'y a plus que 30 à 40,000 Maoris, pour 576,234 étrangers, dont environ 5,000 Chinois. Les indigènes n'entrent donc plus guère que pour un quinzième dans la population des îles, et l'on peut prévoir, à brève échéance, leur complète disparition.

Presque toute la Polynésie présente d'ailleurs ce même doulou-
reux phénomène, dont les causes et la marche sont trop bien
connues, pour qu'il soit utile de nous y arrêter plus longtemps
dans cette rapide revue.

II

COLONIES AFRICAINES

Cape of Good Hope. — La principale possession des Anglais
en Afrique est, comme chacun le sait, la grande colonie du Cap
de Bonne-Espérance (*Cape of Good Hope*), à laquelle ont été
rattachées plus ou moins directement, depuis vingt ans, la
Cafrerie (*British Caffraria*), les pays des Bassoutos (*Basutoland*),
des Griquas (*Griqualand*), des Béchuanas (*Bechuanaland*), Wal-
fish Bay, etc. Dans cet immense territoire, large de 600 milles
et long de 450, ont vécu et subsistent, à côté des 340,000 blancs
que l'on y compte, des populations de couleur dont le chiffre
dépasse 900,000 individus. Ces populations appartiennent à
deux grandes races fort distinctes, celle des Bosjesmans et celle
des Bantous ou Cafres.

Les Bosjesmans ou hommes des buissons sont de petites tribus
fort anciennes et fort sauvages qui ont jadis occupé toute
l'Afrique australe depuis le Cap jusqu'au Zambèze, et dont
l'aire d'habitat s'est graduellement réduite par les invasions des
Cafres et la colonisation des Boërs et des Anglais. On sait qu'ils
se distinguent par leur très petite taille, leur pelage en grains de
poivre, leur couleur fauve claire, la forme pentagonale de leur
visage, et un grand nombre d'autres traits physiques très connus
des ethnologues, et auxquels il convient d'ajouter un curieux
système de langues à *clics*, et maints caractères ethnographiques
dans le détail desquels il serait trop long d'entrer ici.

L'exposition coloniale nous montre quelques objets provenant
de ces Bosjesmans, qui aident singulièrement à faire com-
prendre le genre de vie de ces misérables nomades.

On remarque tout d'abord dans la grande collection, formée
par M. Thomas Bain, de Rondebosch, des pierres percées appliquées comme celles des Californiens, des Yuncas, etc., à titre de
poids et de leviers, aux cornes ou aux bâtons avec lesquels le
Bosjesman fouille le sol pour y chercher des racines ou des bulbes
comestibles (fig. 9). Des pierres semblables, également percées, lui servent de meules ; il en utilise d'autres pour garnir
son marteau ou pour armer son casse-tête.

Voici le drille qui sert à perforer les boules de pierre, voilà le
tranchet, le pilon, le mortier, l'aiguisoir, une molette à couleurs,
façonnés avec les mêmes roches. On voit plus loin des pointes
de flèches tout à fait primitives, des grattoirs à peaux, en pierre
taillée ou en os de buffle, enfin trois vases d'argile intacts,
pièces extrêmement rares, une dizaine d'anses brisées et quelques morceaux de poteries de compositions variées.

Fig. 9. Corne d'élan, armée d'une boule de pierre, usitée chez les Bosjesmans.

M. Thomas Bain possède enfin deux de ces curieuses peintures qui dénotent chez le Bosjesman des aptitudes si étonnantes
au dessin d'imitation. L'une, faite à l'ocre rouge, représente deux
élans, l'autre un oiseau et un veau marin peints en noir sur un
fragment de rocher.

Le comité de Kimberley a envoyé des gravures de même
ordre, découvertes sur des blocs de *greenstone*, à une dizaine de
milles de cette ville. On y reconnaît aisément un zèbre, une
autruche, un éléphant, un rhinocéros, un hippopotame, une antilope, une grue et un chien. Citons encore quatre copies de
M. Charles Currey, reproduisant des dessins plus compliqués,
relevés par G.-W. Stow dans diverses cavernes des Bosjesmans
de l'État libre d'Orange. Le premier, découvert dans une petite
grotte à Bushman's Hock, près de la rivière Calédon, nous
montre une *chasse à l'éléphant* ; le second, *l'attaque du lion*, a

été copié dans la grande caverne du ravin de **Morning Sun** ;
le troisième, *élan et chasseurs, l'un de ceux-ci en déguisement
de chasse*, se trouve au pied du grand précipice de **Klein
Asvogel Kop** ; enfin le quatrième, qui groupe une girafe, un
rhinocéros, un spring-bock et un zèbre, au voisinage de deux
représentants des tribus bosjesmanes des Grands et des Petits
Arcs, n'a point de provenance spéciale indiquée au catalogue.

Ces noms de *Grands* et de *Petits Arcs*, sous lesquels certains
Bosjesmans sont spécialement désignés par les colons, sont tirés
des dimensions relatives de leurs engins de chasse. Les plus
grands, hauts d'un mètre au plus, rappellent exactement ceux
des nègres du Zambèze, auxquels il est dès lors assez probable
que les Bosjesmans en ont emprunté le modèle, en le réduisant
quelque peu. Les plus petits, au contraire, qui ne dépassent pas
cinquante centimètres, sont assez analogues à ceux des Batékés
du Congo et de l'Ogooué.

Ces engins, grands ou petits, sont devenus très rares, et l'exposition coloniale du Cap n'en possède aucun spécimen. On n'y
peut voir non plus ni carquois, ni flèches du type actuellement en
usage dans le Kalahari.

Le Bosjesman vivant, *Glass-Bottle*, que l'on a amené à
Londres, loin d'être un chasseur d'antilopes ou de panthères, est
d'ailleurs un simple ouvrier terrassier qui n'est rien moins que
pittoresque. Il est vêtu à l'européenne, et sa femme, tenant sa
jeune progéniture roulée dans un tartan troué, circule en vieux
jupons à volants autour de la machine des mines de Kimberley. Je n'insisterai point sur les caractères physiques de ces
deux petits sauvages, qui reproduisent à s'y méprendre certains
portraits qui sont entre les mains de tous les ethnographes. Je
ne m'arrêterai pas davantage à détailler la morphologie des
autres naturels, ouvriers ou employés à l'exposition, Hottentots,
Cafres ou Malais du Cap; il me suffira de renvoyer le lecteur à
l'excellent atlas de M. Fritsch ou aux collections photographiques
de MM. Barnard, Bruton, etc.

Les Bosjesmans n'étaient assurément point les seuls habitants
du Cap qui se servissent d'instruments en pierre avant l'arrivée

des Blancs. Les Hottentots, voisins des Bosjesmans, dont ils diffèrent surtout par un certain mélange avec diverses tribus
nègres, les Hottentots utilisaient aussi les pierres plus ou moins
dures qu'ils rencontraient, à façonner des meules, des molettes,
des polissoirs, des perçoirs, des marteaux, à tailler des couteaux,
des scies, des pointes de lances ou de flèches, etc. Parmi les
sept cent cinquante pierres travaillées découvertes de tous côtés
dans la colonie par M. E.-J. Dunn, et groupées par lui dans les
vitrines de l'exposition, un tiers ou environ se trouve attribué
aux Hottentots, avec plus ou moins d'assurance, par ce collectionneur.

Mais en examinant avec quelque attention le catalogue dressé
par lui, on constate que l'épithète ethnique accolée à la description d'une pièce quelconque est avant tout suggérée par
son gisement. C'est ainsi que tout objet trouvé à Cap Flats est
dit *Hottentot*, comme tout ce qui vient de Stormberg est qualifié
Bushman (forme anglaise du mot hollandais *Bosjesman*).

Étant données les théories très généralement acceptées
aujourd'hui sur l'énorme extension des Bosjesmans à une époque
plus ou moins antique, et sur l'origine composite des tribus hot-
tentotes, mélange de Bosjesmans et de Cafres, on est assurément
autorisé à n'accepter qu'avec beaucoup de réserve les déter-
minations proposées par M. Dunn.

D'autre part, les formes archaïques européennes ou nord-
africaines que prennent certaines pierres, autorisent l'archéologue
à se demander s'il n'a pas vécu, bien avant le Bosjesman lui-
même, sur cette terre australe, un homme semblable à ceux
qui taillaient, aux bords de nos rivières du Nord, les haches de
Saint-Acheul ou de Hoxne, identiques à celles du Stormberg.

La collection de M. Dunn contient encore quelques pièces
d'un caractère un peu différent, attribuées à des Cafres. Mais
c'est dans les vitrines et dans les panoplies de MM. Cl. D. Webb
et H. Lewis qu'il nous faut aller étudier l'ethnographie de cette
deuxième race Sud-Africaine.

Les Cafres ou Bantous se divisent en trois groupes principaux :
les Ova-Hereros ou Damaras, à l'ouest, les Béchuanas au

centre, les Cafres proprement dits à l'est. Les Damaras, à en juger par les documents placés sous nos yeux à l'Exposition coloniale, doivent être mélangés de Hottentots au moins dans les tribus qui se donnent le nom de rouges (Ova therandaus). Leur ethnographie, détaillée dans le grand ouvrage de M. Fritsch, nous est montrée, dans ses pièces essentielles, par M. Lewis. Arcs et carquois, vêtements de peau de panthères et de chèvres, enfin et surtout, étranges bonnets à grandes oreilles portés par les femmes.

Les Béchuanas sont représentés par diverses pièces sans grand intérêt de la collection Webb, de Queenstown, qui est plutôt riche en objets cafres proprement dits. On peut compter dans les panoplies de ce collectionneur jusqu'à 64 formes différentes de cannes sculptées principalement par les Amatembous, les Amampondos, les Amafengous, les Amangquikas, etc. M. Webb a réuni également une curieuse série de pipes, de vêtements et d'ornements, parmi lesquels trois pièces offrent un intérêt exceptionnel.

La première est le costume complet d'un sorcier des Amafengous, composé d'un chapeau, de quatre espèces de colliers, de bracelets d'ivoire, de peau de chat sauvage et de perles, d'une pèlerine de peau de *Roode-Ree-bok* pendant jusqu'à la taille, et d'un jupon confectionné à l'aide de diverses fourrures.

La seconde est un vêtement dit *abakoueta*, porté par les nouveaux circoncis. Il se compose d'un chapeau de jeunes feuilles de dattier, d'un voile d'herbes fines, d'un jupon aussi de feuilles, de bandes de peau formant bracelets et d'un rang de perles noires enfilées qui tournent autour des épaules.

La troisième pièce, particulièrement intéressante, de la collection Webb, est un *tsebat*, costume que portent les femmes des seigneurs cafres, dans certaines danses spéciales. Ce *tsebat* est fait en peau de vache et couvert de boutons de cuivre, de chaînettes et de perles.

Parmi les autres objets exposés par M. Webb, j'ai remarqué des sparteries tissées par les Amafengous, des calebasses à lait, des coupes à boire en corne et en gourde, des cornes à poudre, des tabatières, des cuillers enfin, dont quelques-unes exécutées d'une manière véritablement artistique.

Les Cafres civilisés appliquent leur adresse naturelle et leur patience à exécuter des travaux de charpente et de menuiserie, de tour et de reliure, dont le *Lovedale Missionary Institute*, à Alice, expose d'intéressants spécimens.

Cafres, Béchunas, Damaras, Hottentots ou Bosjesmans, feu Th. Baines les a tous introduits dans les longues suites d'études peintes qui composent la galerie exposée pieusement par l'un de

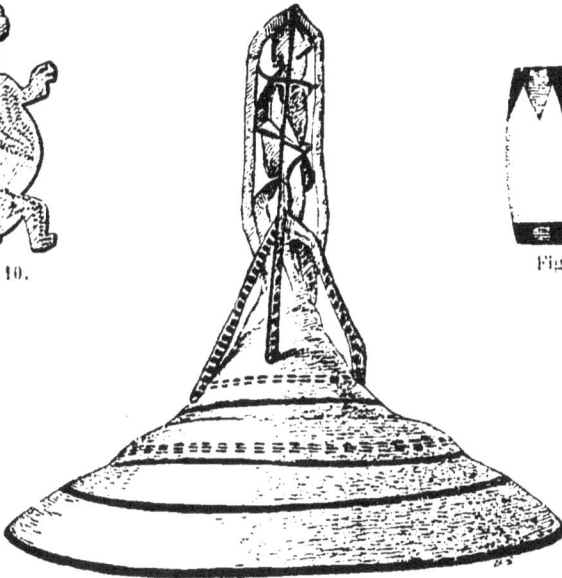

Fig. 10. Broche en laiton. — Fig. 11. Chapeau tressé d'une herbe fine mêlée de crins. — Fig. 12. Pot en bois décoré. Bassouto.

ses héritiers, M. Robert White, de Brighton. Baines, l'explorateur africain bien connu[1] était un fidèle ethnographe, mais un

[1] On connaît notamment de Baines trois ouvrages intitulés : *Explorations in South West Africa, with an Account of a Journey in the Years 1861 and 1862, from Walwich Bay on the Western Coast to Lake N'Gami and the Victoria Falls* (1864, in-8) ; *The Victoria Falls, Zambesi River* (1865, in-8), et *The Gold Regions of South Eastern Africa* (1877, in-8).

fort médiocre peintre, et la bonne volonté dont il a laissé tart de preuves, suffit à peine à lui faire pardonner les défaillances d'un pinceau inexpérimenté.

Basutoland. — Les Basoutos, qui habitent au nombre de 40,000 les hautes terres situées entre l'état libre d'Orange et la colonie, forment la branche orientale des Béchuanas; ils ont été, on le sait, civilisés par les missions protestantes de Paris, et leur ethnographie a été profondément modifiée par les importations européennes. Aussi les panoplies qui les concernent dans l'exposition de la colonie du Cap, à laquelle ils se rattachent à titre de protégés du gouvernement anglais, sont-elles assez pauvres en objets bien originaux. M. le colonel Clarke, le résident de Maseru, chef-lieu du protectorat, et M. Scott, le commissaire de la frontière du Nord, ont réuni à grand'peine quelques vêtements ou ornements, quelques armes et quelques menues pièces. J'ai remarqué dans ces deux collections un vêtement de femme en peau grossièrement tannée, orné de médaillons de perles, coupés en quarts de cercle alternativement rouges et noirs, et de longues appliques de clous de fauteuil en laiton; des manteaux portant des perles bleues ou des boutons en cuivre poli, des chapeaux de jonc mélangés de crin, surmontés d'une pointe bizarrement décorée (fig. 11), des rangs de perles rouges, des broches circulaires en laiton décorées de chevrons gravés et noircis; d'autres broches encore du même métal, en forme d'animaux (fig. 10); enfin des colliers, aussi de laiton. Ces colliers, que portent les femmes mariées, sont plats et sans ornement, assez largement ouverts par derrière.

Les armes sont des arcs, des flèches, des bâtons, des haches ; ces dernières, toutes semblables à celles du Zambèze, ont la orme d'un soc à deux ailettes, porté sur un pédicule qui s'enfonce, à angle droit, dans le manche en bois de l'instrument.

Parmi les ustensiles, on remarque un pot au lait en bois assez semblable à celui dont le dessin est reproduit ci-contre (fig. 12), et qui a été fabriqué par le célèbre Doda, l'inspirateur de la guerre des Basoutos contre les Anglais du Cap en 1878 [1]; un pilon et un mortier semblables à ceux dont se servent presque tous les nègres de l'Afrique ; un énorme soufflet en peau de bœuf, muni d'un seul tube fait d'un vieux canon de fusil; enfin une grande cuiller à pot décorée de traits gravés, qui m'a particulièrement intéressé par sa forme. Le sculpteur a, en effet, très nettement distingué sur cet ustensile, taillé dans un seul bloc de bois, le manche de la cupule, et l'on retrouve aisément, sous son travail grossier, la cuiller primitive, faite d'un fragment de calebasse ou de coque emmanché à l'aide d'un bâton.

Natal nourrit un petit nombre de Basoutos dans ses territoires occidentaux, et leur présence se signale par quelques pièces spéciales qui se sont glissées à l'insu des commissaires, dans les panoplies de la colonie. Mais l'immense majorité des indigènes appartient au grand groupe des Ama-Zoulous, qui forme les six-septièmes de la population. Ces Bantous du sud-est sont en effet au nombre de 361,766, contre 35,453 Blancs seulement et 27,276 coolies indiens

L'exposition de la colonie montre en abondance les fabrications peu variées de ces Ama-Zoulous, principalement rassemblées dans le territoire d'Umzinto. Ce sont des cannes de diverses sortes de bois partiellement teintés en noir, terminées tantôt par des pointes opposées, tantôt par des pommes, des disques, des cercles à croix centrales, des bonshommes ou des animaux dans des poses assez diverses ; ce sont des massues à boules striées ou taillées à facettes ; des statuettes posées sur des socles cylindriques relativement élevés et représentant des femmes qui offrent à boire ou jouent de la musique ; ce sont des oreillers dont la plateforme, habituellement plane, est quelquefois légèrement excavée et dont les pieds affectent des formes assez variées; ce sont de grands plats ovales terminés par des anses carrées, des pots en forme de tonnelets à une ou deux poignées, des cuillers parfois élégamment sculptées en forme d'animaux, etc., etc.

---

1) Doda, *author of the disturbance and war,* dit l'étiquette, *between his father and the Cape Colony,* 1878-1879.

Tout cela est entièrement neuf et a été fabriqué spécialement pour South-Kensington. On ne rencontre nulle part un seul spécimen des vieilles industries nationales. J'ai cherché vainement, par exemple, à trouver dans l'Exposition une de ces anciennes urnes en bois noirci, striées finement, et dont des anses multiples, bizarrement attachées, rendaient les profils si étranges.

Les Ama-Zoulous actuels tressent, en revanche, avec de la paille ou du jonc, de jolies écumoires à bière, des paniers, des nattes, etc. Ils préparent aussi fort habilement les peaux, dont ils confectionnent des manteaux, ou dont ils couvrent leurs grands boucliers ovales. Les *motgeas* ou les devantiers des guerriers sont garnis de tresses faites d'étroites bandelettes qu'on a découpées dans le cuir de panthères ou de singes, tombés sous les coups des chasseurs.

Je n'insisterai point davantage sur cette ethnographie du Zululand, que les événements des dernières années ont fait si complètement connaître de tous les lecteurs. J'appellerai seulement quelques instants l'attention sur deux magnifiques collections de photographies exécutées par MM. George T. Ferneyhoug, de Pietermaritzbourg et J. H. Murray, de Durban. Types isolés ou groupés, costumes, huttes et kraals, aspects divers du pays, tout cela est rendu par les deux habiles artistes avec une rare perfection.

Nous retrouvons à côté de ces deux belles séries d'épreuves photographiques, quelques peintures encore de feu Th. Baines, aussi médiocres comme art, mais tout aussi curieuses que celles que nous avons signalées en décrivant l'exposition du Cap.

Maurice, les Seychelles, l'Ascension, Sainte-Hélène, n'ont rien envoyé qui nous concerne; les autres possessions anglaises en Afrique, Lagos, Gold Coast, Gambia, Sierra-Leone, exposent en revanche de nombreuses pièces ethnographiques, dont quelques-unes sont particulièrement intéressantes pour nos études.

Lagos, Niger. — Les Anglais comprennent sous le nom de Lagos, toute la côte de Guinée entre le Cameroun allemand à l'est, et le territoire français de Kotonou à l'ouest. Le delta entier du Niger, le cours de ce fleuve jusqu'aux environs de Gao, celui du Bénoué en aval de l'Adamaoua sont rattachés depuis peu (1884) à titre de protectorat à l'administration de cette colonie, qui étend par conséquent sa suprématie sur des pays Haoussas, tels que le Yarrouba, aussi bien que sur des terres purement guinéennes, comme celles des Ibos, des Bonis, etc.

L'exposition de Lagos se ressent presque partout de cette double origine des choses qu'elle a groupées. Les pièces de provenance Haoussa, montrées aux visiteurs, sont manifestement inspirées, en majeure partie, de modèles mauresques, tandis que les objets des Nègres de la côte, ont conservé à quelques exception près, un aspect de barbarie bien caractéristique.

Les cuirs façonnés en coussins, en portefeuilles, en porte-amulettes, en babouches, en bottes montantes, etc., les gargous lettes de terre cuite, les cafetières, les aiguières, les bassins et autres récipients en cuivre rapportés par M. J. Thomson de territoires du Niger ont, je le répète, une physionomie arabe, tandis que les cuivres fondus et ciselés, les calebasses et les bois sculptés du littoral répètent au contraire à profusion ces modèles grotesques que la traite a répandus depuis si longtemps dans les collections d'Europe.

Le docteur Marshall, MM. Evans, Payne, Williams, un marchand de Lagos du nom d'Ajassah, enfin les prêtres de la société des missions africaines de Lyon ont envoyé un grand nombre d'idoles, de fétiches, de masques, etc., tous plus étranges et plus grotesques les uns que les autres, et qui se rapportent en partie aux divers cultes que notre compatriote, le P. Baudin, a étudiés avec tant de soin dans les deux mémoires qu'il a récemment publiés [1].

1) R. P. Baudin, *Le fétichisme, ou la religion des nègres de la Guinée* (*Les Missions catholiques*, t. XVI, p. 190, 197, 214, 221, 231, 248, 257, 1884); Id., *Féticheurs, ou ministres religieux des Nègres de la Guinée* (*Ibid.*, p. 321, 330, 340, 356). — M. Justice S. Smith a résumé très brièvement les principales données de ce travail dans le *Handbook to the West African Court* (p. 18-20), mais il n'a pas jugé à propos de nommer l'auteur français qui lui a servi de guide. Sir James Marshall a réparé cette omission en citant avec éloge le livre du P. Baudin (p. 14) au cours de son *Catalogue*.

Olorun, l'Être suprème, ne reçoit aucun hommage direct; ce sont les fétiches ou *oricha* et en particulier, Obatala, Odudua et Ifa, qui occupent la première place dans les préoccupations religieuses des Nègres de la côte des Esclaves.

Obatala, le Dieu de la lumière auquel la couleur blanche est consacrée, a des temples où ses adorateurs le représentent sous diverses formes et notamment sous celle d'un guerrier à cheval tenant une flèche (fig. 13) ou un fusil. Son principal fétiche, qu'on appelle *oncé*, est un gros cylindre de bois creux d'un mètre et demi de long et de la grosseur d'un homme, fermé à l'une de ses extrémités avec des coquilles d'escargots, animal spécialement consacré à Obatala, et clos à l'autre bout à l'aide d'une étoffe.

Odudua est le complément d'Obatala ; celui-ci était la lumière, le ciel, le mâle; celle-là est l'obscurité, la terre, la femelle. Dans l'origine, les deux divinités n'en formaient qu'une, combinant les deux natures; elles se sont peu à peu séparées, et dans la calebasse blanchie et close qui leur est consacrée en commun, et dont nous avons des exemplaires sous les yeux ; elles ont chacune leur place; l'une occupant le haut et l'autre logée dans le bas. Odudua, la divinité femelle, est d'ailleurs souvent adorée séparément, et on la représente sous la forme d'une mère allaitant son enfant.

Un troisième *oricha* très influent, très vénéré, est celui que l'on nomme Ifa ou Bango et dont M. Evans et le gouvernement de Lagos nous montrent deux représentations. Ifa est l'oracle de la destinée humaine : on le consulte dans toutes les circonstances importantes de la vie ; avant un mariage, après une naissance, au jour des relevailles, quand on part en voyage, etc. Rien ne se fait chez les Nègres sans l'intervention des prêtres d'Ifa, dont les réponses sont dictées par les combinaisons de seize noix de palme (*bango*) versées dans un plateau de bois sur lequel sont tracés seize signes différents. M. A. R. Elliott nous présente un curieux spécimen de cet appareil divinatoire.

Des génies en grand nombre, bons et surtout mauvais, sont encore l'objet d'attentions toutes spéciales de la part des Nègres. Le plus connu s'appelle *Oro,* ce qui veut dire *tourment.* Le sor.

cier qui évoque ce mauvais esprit, porte un étrange masque à
cornes, orné de figures sculptées, dont M. Z. A. Williams expose
un exemplaire et produit le son de la voix du terrible génie, en
faisant tourner rapidement une languette de bois au bout d'une
corde. Toutes les femmes, à ce bruit, doivent s'enfermer dans
leurs cases et en clore les ouvertures.

Un autre instrument spécial, employé par les féticheurs, est une
calebasse enfermée dans un filet, dans les mailles duquel sont
prises en grand nombre des vertèbres de serpents. Des bols de
bois sculpté, supportés par des figures de femmes ou d'animaux,
une table sur laquelle se dressent deux rangs de figurines représentant les divers types des habitants de la côte, des calebasses
chargées d'ornements obtenus à l'aide du feu, font également
partie du mobilier des féticheurs.

D'autres sculptures non moins curieuses mettent en scène les
costumes, les tatouages, les insignes des nègres de Lagos, nous
initient à leurs jeux et à leurs fêtes. Il ne faut toutefois interroger
à ces divers points de vue, qu'avec une sage réserve, les ivoires
travaillés qu'exposent divers traitants. Ces représentations sont,
en effet, presque toutes d'origine étrangère; elles ont été
ciselées au Loango et ne sont parvenues que par des échanges
commerciaux à la côte des Esclaves, dont elles ne représentent,
en aucune façon, ni les types, ni les mœurs.

Gold-Coast. — Mais ce n'est point le négoce qui a fait
arriver à la Côte-d'Or ce coutelas à pommeau de laiton aplati,
à lame large, striée en long vers son axe et terminée par une
extrémité anguleuse, ou encore ce tambour de pirogue prisma-
tique et triangulaire, à double ouverture transverse. Cette
arme, cet instrument, inconnus l'an dernier encore des ethnographes, sont exclusivement fabriqués sur le cours du Congo,
l'un par les Batékés, l'autre par les Bayanzis, et c'est par
erreur que ces pièces, vendues à des Anglais de Cape-Coast,
ont été confondues par divers exposants avec celles des
nègres de la Côte-d'Or. C'est une confusion de même ordre
qui a fait attribuer à ces mêmes nègres l'harmonica à sept tiges

de fer que l'on trouve dans une des vitrines consacrées aux Ashantis.

Cet instrument de musique est confiné chez les Bantous, qui le possèdent presque tous, du Congo au Cap de Bonne-Espérance et de Corisco à Natal.

Fig. 13. Hutte-fétiche du dieu Obatala (d'après le R. P. Baudin).

Les objets vraiment Ashantis sont ceux, du reste, que les visiteurs de cette partie de l'exposition regardent avec le plus de curiosité. L'expédition de Coumassie, qui a pour résultat d'étendre l'autorité britannique dans ces pays sur près de 400,000 sujets, n'est point oubliée, et les trophées rapportés par l'armée ont conservé pour le public anglais un intérêt considérable. La reine Victoria a prêté au commissariat de *West-African Court* l'ombrelle du roi des Ashantis, trouvée dans son palais après la prise de Coumassie, en 1874, et la hache fétiche d'or qui lui fut envoyée par ce personnage en signe de soumission, sept ans plus ard. Sir A. J. Adderley expose un collier d'or et de perles venant aussi du palais royal de Coumassie. Le gouvernement colonial enfin a envoyé bon nombre de joyaux, anneaux, bracelets, broches, etc., aussi en or et provenant de l'indemnité de guerre imposée aux Ashantis après leur défaite. Nombre de ces bijoux portent des ornements champlevés qui représentent nos signes du Zodiaque. On est porté à considérer ces symboles de forme européenne comme introduits jadis par les négociants portugais; c'est aussi aux marins de cette nation que l'on attribue l'invention des colliers d'or à pendentif en forme de crucifix, qu'ont conservés jusqu'aujourd'hui quelques chefs de la côte John Quartey en particulier.

Tout nègre de haut rang a d'ailleurs, pour en faire parade dans les grandes occasions, des objets d'or en nombre, tels que pipes, peignes, colliers, pendants, chaînes, plaques, etc., etc. Adjubin Ankrah, MM. Swanzy, Crocker, T. F. Brune, etc., ont envoyé des collections importantes de ces objets de luxe.

Les choses les plus caractéristiques de la Côte d'Or sont, avec les objets de métal, les bancs ou tabourets et les tambours dont l'exposition d'Accra contient un grand nombre : banc fétiche, surmonté d'un serpent de bois qui se tord sur le siège, bancs royaux ornés d'une queue d'éléphant posée à plat, insigne du commandement ; tambour fétiche décoré, comme le banc, de l'image du serpent ; tambours de chefs dont la chambre sonore est limitée aux deux bouts par des peaux solidaires l'une de l'autre et que tendent de nombreuses courroies.

Sierra Leone et le Sherbro qui en dépend sont habités par des nègres de races très diverses. Freetown a été fondée, on le sait, pour servir de dépôt aux noirs de toute provenance délivrés des

navires négriers ou ramenés d'Amérique [1] et lorsque M. Clarke
en a étudié la population en 1852, il y a trouvé juxtaposés les
éléments ethniques les plus variés.

Les Mandingues dominent toutefois d'une façon très sensible ;
les Sousous, les Timmanis appartiennent à ce groupe et l'ethnographie de la contrée se ressent considérablement de cette prépondérance. Une seule pièce, vraiment exceptionnelle, mérite d'être
signalée. C'est une tête en bois de cotonnier, noircie à l'huile de
palme, et ornée de pendentifs de fibres de cocotier. C'est la tête
de *Bundoo dewil* que porte la prêtresse qui conduit la danse
du Bondou.

Gambie. — Les objets ethnographiques exposés par les petits
établissements anglais de la Gambie (14,500 hab.) n'offrent en
général qu'un intérêt assez médiocre. Ce sont principalement des
cuirs travaillés à la mauresque par les cordonniers mandingues,
des bois sculptés sans grande originalité, quelques menus objets
de fer. Parmi les jeux que l'on nous montre figure un *houri*, sorte
de tric-trac à douze trous usité chez les Foulbé et qui diffère de celui
que connaissent les Fantis par la présence à chaque extrémité
d'un trou plus grand qui sert de magasin au joueur.

Parmi les instruments de musique figure le *balafon*, sorte de
xylophone commun à tous les peuples de race mandingue et que
les Ashantis ont reçu à une époque récente des montagnards
bambaras qui habitent au nord de leurs vallées. Un grand tambour
de bois à piédouche est curieusement décoré de cinq grandes
sonailles de fer toutes bordées d'annelets de laiton. Ces sonailles
sont un peu moins caractéristiques que le *balafon*, leur usage
étant beaucoup plus largement répandu dans l'Ouest africain.
Elles ornent le manche des guitares des griots de Tombouctou
aussi bien que celui des grosses harpes à trois cordes de la
rivière Cazamance. Mais on ne les rencontre que très accidentel-
lement à l'est du Niger, et l'on peut même assurer, quand on les
y trouve, qu'elles ont été importées des vallées occidentales.

---

1) On compte 35,400 esclaves libérés sur les 60.546 habitants de la colonie.
Il n'y a en tout que 163 blancs à Sierra-Leone et à Sherbro.

L'étude de la distribution géographique des instruments de
musique est, on le voit par ces exemples, une étude
féconde en intéressants résultats. Quel qu'il soit, simple ou compliqué, qu'il se batte ou qu'il se secoue, qu'on le pince, qu'on le
racle ou qu'on y souffle d'une manière quelconque, l'engin mu-
sical est une des choses usuelles qui se modifient le moins dans
l'espace ou dans le temps. La guitare à long manche des Égyp-
tiens de l'antiquité est arrivée aux mains des pasteurs Peuhls
jusqu'aux rives de l'Atlantique; le *sing* ou orgue à bouche a été
retrouvé chez les Hos du Laos, ces paysans chinois autrefois
émigrés. La *valiha* malgache, identique aux bambous à musique
de l'Inde transgangétique et des îles de la Sonde, reporte notre
pensée vers ces navigations indonésiennes qui ont donné à Madagascar une grande partie de ses habitants, tandis que le *bobre*,
trouvé sur certains rivages de la même île, prouve l'influence
locale exercée par les Zanzibarites, possesseurs de ce singulier
instrument.

Je pourrais accumuler ici bien d'autres observations encore,
non moins démonstratives et non moins concluantes. Les quelques faits que je viens de rappeler en passant me semblent
suffisants pour fixer les idées du lecteur sur la valeur tout à
fait exceptionnelle des documents empruntés à l'instrumentation
musicale dans l'étude des mouvements des peuples à la surface
du globe.

III

COLONIES AMÉRICAINES

West Indian Gallery. — Le particularisme étroit et jaloux
qui domine souverainement les esprits les plus cultivés des
colonies australiennes dans toutes les questions de relations
extérieures, n'a aucune prise sur les lettrés des Indes Occidentales. Là, cependant, bien plus qu'ailleurs, des luttes séculaires

contre l'Espagne, la France, la Hollande, pour la possession des
îles, auraient pu entretenir une certaine animosité dans les
cœurs. Il n'en est heureusement rien et les savants anglais des
Antilles s'efforcent, en toute occasion, de rendre pleine et
entière justice aux hommes de toutes nations qui ont contribué
à ouvrir à la civilisation le chemin des terres qu'ils habitent.

Une statue de Colomb se dresse au centre de la West Indian
Gallery à l'exposition coloniale ; un portulan de Diego Ribero,
cosmographe de Charles-Quint (1529), a la place d'honneur du
premier salon des Antilles, où l'on peut voir groupés les portraits
des hommes de tous pays qui ont pris part à des titres divers
à la découverte du Nouveau-Monde. Deux belles collections
d'anciennes cartes d'origines fort diverses des Indes Occidentales sont, en outre, exposées par sir Graham Briggs et M. Richard
Davey, enfin toute une bibliothèque de vieux livres en toutes
langues sur les Antilles et la Terre Ferme a été prêtée par
MM. Audley C. Miles et Henri Stevens, de Saint-Martin's Lane.

Dans ce même salon, M. W.-C. Borlase, membre du Parle-
ment, exhibe un nombre considérable d'objets de toute sorte
provenant, dit une inscription, de tombeaux du Centre Amérique (*from the Graves of Central America*). La collection Borlase, qui doit avoir coûté fort cher à son propriétaire, paraît
avoir été formée par un antiquaire enthousiaste, insuffisamment
prémuni contre les tentatives de certains vendeurs peu scrupu-
leux. J'ai reconnu, par exemple, au milieu d'objets qui prove-
naient, non de l'Amérique centrale, mais du plateau de Bogota,
un gros bracelet ouvert du même métal, qui est, presque à coup
sûr, d'origine irlandaise, et je considère comme tout récemment
estampés et adaptés aux pièces auxquelles ils sont pendus
les anneaux de nez, aussi en or, qui décorent certains vases de
terre cuite à têtes humaines trouvés assurément dans les hautes
terres de la confédération Colombienne [1].

---

1) L'album manuscrit de M. Posada Arango, qui est une des sources d'in-
ormations les plus sûres en toute question d'archéologie colombienne, nous
montre des anneaux *en terre cuite*, et non en métal, passés ainsi dans le nez
des statues découvertes dans l'État d'Antioquia.

M. Borlase n'a, en réalité, que peu d'objets venant réellement
du Centre-Amérique ; ce sont, en général, des terres cuites de
Costa-Rica ou du Chiriqui, affectant les types habituels aux
céramiques de cette région de l'isthme.

Les pièces les plus remarquables de la collection ont été
recueillies dans le Cundinamarca. Je mentionnerai en première
ligne de grandes idoles en terre cuite, en forme de bouteilles,
auxquelles, on ne sait trop pourquoi, le possesseur attribue
l'épithète de *Dieu du Silence* (*God of Silence*). Ces idoles ont les
grands chapeaux ornés de galons ou de doubles cercles concen-
triques si communément observés dans la statuaire de Tunja,
de longs pendants d'oreilles aussi décorés de petits cercles, des
bretelles en cordelettes entrecroisées sur la poitrine, etc... rien
en somme qui révèle entre ce personnage et le dieu Harpocrate
la moindre analogie. Ces statues, d'une grandeur et d'une
conservation extraordinaires, sont accompagnées dans la collection Borlase d'un grand nombre d'autres types plus communs
et de taille moins exceptionnelle. Parmi ces dernières j'ai plus
spécialement remarqué une figure agenouillée agrémentée d'un
de ces anneaux de nez dont l'origine est si douteuse. Parmi les
vases de terre, je signalerai spécialement à l'attention des
archéologues et des ethnographes une sorte de cuvette suspendue
à l'aide de liens multiples passant à travers deux séries de
cabochons verticalement perforés. M. Borlase assure, sans
donner aucune raison d'ailleurs à l'appui de son hypothèse, que
ce vase, d'un type tout spécial, était d'usage funéraire, *used a
the obsequies of the dead.*

D'autres objets de terre sont présentés comme *stamps of
various designs used for patterns.* Ce sont des plaques offrant
des décors géométriques en relief, des barrettes répétant des
figures analogues, enfin des rouleaux ornés de même et terminés
aux deux extrémités, soit par une douille plus ou moins sail-
lante, soit par une cavité plus ou moins approfondie. L'hypothèse de M. Borlase au sujet de ces divers porte-empreintes,
n'est autre que celle que j'ai formulée depuis longtemps sur les
étiquettes du musée du Trocadéro. Elle repose sur des constata-

tions faites chez les Indiens modernes du bassin de l'Orénoque. Crevaux avait recueilli en effet chez les Guahibos du rio Vichada des plaques, des barrettes et des cylindres en bois évidé, reproduisant exactement les dessins représentés sur les mêmes objets fabriqués jadis en terre cuite par les Indiens civilisés du Cundinamarca, et il avait constaté que tous ces instruments servaient exclusivement à orner le corps de ces sauvages de dessins rouges diversement appliqués. On peut voir dans le n° 1114 du *Tour du Monde* des Indiens Guahibos portant sur la poitrine deux bretelles fort analogues à celles du *God of Silence* dont il était question plus haut, bretelles tracées à l'aide d'une roulette de bois, dont l'original fait aujourd'hui partie de la collection Crevaux au musée du Trocadéro.

Les objets de pierre exposés par M. Borlase sont des pesons de fuseau, des perles de colliers, des molettes, des anneaux, une magnifique hache à oreilles, une sorte de repassoir à manche, fort analogue aux instruments qui servaient au Mexique à l'apprêt des ornements de *metl*, enfin et surtout des modèles servant à repousser les figurines de métal.

M. Borlase a adopté l'explication que j'ai depuis longtemps proposée de ces derniers objets, que Humboldt avait pris jadis pour des calendriers. L'antiquaire anglais dit, en effet, qu'il suppose que les figures minces en or, dont il possède un si grand nombre, étaient obtenues *by being rolled on these stones.*

La comparaison attentive que j'avais faite, avec M. Th. Maler, des petites figures d'or de son admirable collection et des modèles à repousser en argilite ou en lydite, dont le Trocadéro possède une quinzaine de modèles, m'avait depuis longtemps prouvé que les premières avaient été produites par un poussage méthodique pratiqué sur les dernières, et les étiquettes du musée d'Ethnographie expliquent depuis plusieurs années aux visiteurs les petits mystères de la fabrication usitée chez les vieux orfèvres Chibchas.

La collection Borlase, pour être moins riche en objets d'or que celle de M. Maler, n'en est pas moins exceptionnellement remarquable. On y voit des pectoraux en forme de larges plaques portant en repoussé des personnages aux contours anguleux ; des tablettes découpées en forme de petits masques d'un dessin rudimentaire ; des anneaux de nez en croissant refermé sur les cornes, en long et mince triangle isocèle, en moustache finement tortillée aux deux bouts ; des boucles d'oreilles faites de plaquettes carrées, lozangiques, semi-ovalaires, etc., montées sur crochets recourbés ; des disques plus ou moins ouvragés, etc.

Puis ce sont des bonshommes du même style que ceux qu'ont représentés autrefois Roulin et Uricoechea, des pumas, des oiseaux, des crocodiles, des grenouilles, toute une ménagerie

Fig. 14. Maillet de pierre d'un tumulus du ' .nduras.

Fig. 15. Massue de bois des Arawaks.

symbolique en métal précieux, assez analogue dans son ensemble à celle que les Mexicains avaient introduite dans le panthéon compliqué dont Sahagun nous a conservé la minutieuse description.

British Honduras. — Les antiquités du Honduras britannique, plus connu sous le nom de colonie de Belize, n'ont pas du tout le même aspect que celles dont il a été question dans les pages qui précèdent. Les tumulus de la région, fouillés par M. J.-H. Phillipps et quelques autres amateurs d'archéologie, renfermaient plutôt des objets analogues à ceux du Yucatan et du Tabasco. Les terres cuites, ornées de reliefs en pastillage très caractéristiques, sont pour la plupart des fragments d'idoles ; parmi ces débris, il en est quelques-uns qui portent des insignes analogues à ceux qui accompagnent au Mexique l'image de Tlaloc, dieu de la pluie.

Les silex, taillés en pointes de lances, rentrent plus ou moins dans le type de ceux qu'a publiés M. Voss ; les haches en pierres polies sont identiques à celles que M. Charnay a rapportées en si grand nombre de l'île de Cozumel.

Deux instruments de pierre exposés avec les haches et les lances méritent une mention particulière. Le premier est une sorte de couperet demi-circulaire, qui fait corps avec son manche ; ce dernier, percé d'un trou de suspension, se détache à angle droit de l'une des extrémités de la courbe tranchante.

Le second instrument (fig. 14) est un maillet ou battoir de pierre, dont la partie active ne forme aussi qu'une seule pièce avec sa poignée. Ce maillet, fort analogue à ceux que les insulaires des îles Hawaii, Taïti, Samoa, etc., confectionnent en bois durs, servait assurément, comme ces derniers outils, à battre les fibres du *metl*, utilisées de tant de manières différentes par les anciens habitants du Mexique et de l'isthme américain.

British Guiana. — L'archéologie des Guyanes est infiniment moins riche que celle du Yucatan et des terres colombiennes. Les Indiens établis le long des rives des grands fleuves qui coulent à l'est des Andes, n'ont, à quelques exceptions près, produit rien de remarquable dans la suite des siècles qui ont précédé la découverte de leurs territoires. Quelques grotesques statuettes de terre cuite et quelques vases grossièrement décorés, du côté de Caracas, quelques haches plus ou moins habilement montées le long de l'Orénoque et des rivières voisines, telles sont les seules antiquités que l'on rencontre habituellement dans tout le vaste territoire désigné sous le nom commun de *Guyanes*.

C'est d'ailleurs une loi qui domine toute l'ethnographie du

continent sud américain, que la civilisation indigène soit cantonnée exclusivement dans les hautes terres de l'Entre-Sierra et sur le versant de l'océan Pacifique. La Guyane anglaise n'a pas plus échappé à cette loi que les contrées voisines et les collections qui représentent cette colonie à South-Kensington ne contiennent d'autres pièces archéologiques que des haches ou des herminettes en pierre polie, latéralement encochées vers leur base (fig. 16).

Les séries d'objets modernes sont plus nombreuses et plus instructives. Le long des 280 milles de rivage que possède la colonie, sur les 76,000 milles carrés qui composent son ter-

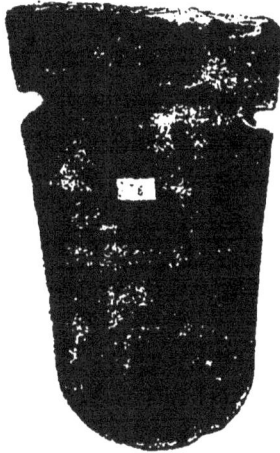

Fig. 16. Type de hache de pierre, à encoches, commun aux Guyanes et à certaines des Petites Antilles. (D'après une photographie de sir G. Graham Briggs.)

ritoire, vivaient jadis de nombreuses tribus indiennes qui sont encore représentées actuellement par 7,656 individus, formant environ le trente-cinquième de la population totale du pays (270,042 habitants. Déc. 1865). Ces 7,656 naturels ont continué à vivre comme leurs ancêtres Macusis, Areconas, Akawois et Caribes, d'une part, Warraus et Arawaks de l'autre, et M. Hawtayne nous signale dans son exposition un certain nombre de particularités propres à chacun de ces deux groupes de tribus.

Les Warraus, par exemple, ont un bouclier, et cet engin ne se rencontre chez aucune des tribus du groupe caraïbe. Ces derniers possèdent, en revanche, le *boutou*, grande massue en forme de règle, remplacée chez les Arawaks par de courtes palettes de formes assez variées (fig. 15).

M. Hawtayne a fait exécuter, pour sa *Court*, d'une façon très sommaire, trois mannequins décoratifs ; celui qui arrête le plus longuement le public représente « une femme Akawoi, pressant de la cassave ». Son enfant suspendu à son flanc droit par une large bande de coton, la laborieuse Indienne travaille de sa navette, tandis que le poids de son corps, portant sur un levier de bois qui sous-tend une longue couleuvre toute pleine de manioc, en fait ruisseler le suc malfaisant qui tombe dans une large marmite. Deux Indiens, un Macusi et un Arecona, se pavanent non loin de là, dans leurs plus beaux atours ; le premier s'est paré d'une couronne de plumes, de deux grandes ailes d'oiseaux attachées aux épaules et de sa ceinture de danse ; le deuxième porte aussi une couronne surmontée d'une plume et son cou est orné d'un collier de grandes dents habilement taillées. Le costume de *piaye* ou sorcier qu'on rencontre à quelques pas se compose essentiellement d'une calotte armée de cornes, et garnie de pendentifs en cheveux et d'un hochet fait d'une gourde pleine de gravier que surmonte un bâtonnet garni de plumes vertes. J'allais oublier de mentionner une habitation complète de la Guyane anglaise, installée sur une des pelouses de l'Exposition, et qui a été pendant quelque temps habitée. Lorsque je suis arrivé à Londres, les Indiens avaient malheureusement quitté ce logis, pour regagner la forêt natale. On a laissé dans ladite maison, un mobilier indien, hamacs, bancs, gargoulettes et calebasses, couleuvres, soufflets et plateaux de paille, *pagaras*, etc., etc.. Sauf le décor des vases en terre cuite, composé de points et de lignes, tout cela rappelle à s'y méprendre le mobilier des Kalinas de Suriname ou des Galibis de notre Guyane française.

West-Indies. — L'exposition des Antilles anglaises, comprises toutes ensemble sur le vocable commun de *West-Indies* par nos voisins d'Outre-Manche, est surtout intéressante à nos yeux par son côté archéologique.

L'ethnographie actuelle de ces îles ne se compose en effet, que des objets de mince valeur, confectionnés par les nègres créoles et quelques rares survivants bien dégénérés de la race caraïbe. Les pièces de fabrication nègre sont des paniers à anses verticales, dont la Jamaïque a surtout le monopole, des calebasses ou des noix de coco à décors gravés, exécutées notamment à la Trinité et à Antigoa, des bols en bois, divers petits ouvrages en graines de *job* ou de *jaquiriti* (*abrus precatorius*) (Tabasco), des poupées (Grenade), enfin des poteries de formes européennes, mais dont le lissage, la cuisson imparfaite et la coloration décèlent bien vite l'origine spéciale.

Il ne subsiste guère d'Indiens qu'à Sainte-Lucie et à la Dominique, à Saint-Vincent et à la Trinité.

Les Caraïbes de la Trinité, réduits à un fort petit nombre[1], ont conservé certaines industries anciennes, comme la confection de bonnets en spathes de palmiers, ou le décor des calebasses. A Saint-Vincent, où il reste quelques centaines d'indigènes[2] mêlés de nègres et d'Indiens[3], certains objets essentiellement caraïbes, tels que le *matapi* ou *couleuvre*, sont demeurés en usage et l'on exécute encore aujourd'hui bien des petits articles, analogues à ceux de la Terre-Ferme, tels que paniers imbriqués, éventails en plumes, gargoulettes, etc. A Sainte-Lucie et à la Dominique[4], les terres cuites n'ont plus rien de caraïbe, mais les *pagaras* sont identiques à celles des Galibis.

---

1) Ils n'étaient déjà plus que 1,078 en 1797.

2) Une statistique de 1879 évalue à 431 le nombre des Caraïbes, rouges ou noirs, de Saint-Vincent. Ils étaient 10,000 en 1735, mais un grand nombre ont péri pendant la guerre de 1795-1796, et les Anglais, devenus maitres de l'île, en ont transporté 5,000 environ à Ruatan, dans la baie de Honduras.

3) Ils correspondraient exactement comme type, suivant M. E. F. Im Thurm, aux métis d'Indiens et de nègres, qui ne sont pas très rares au Brésil et dans certaines parties de la Guyane, où on les nomme Cobourrous.

4) Le recensement de 1881 attribue à la Dominique 309 Caraïbes dont 173 purs de tout mélange. Sainte-Lucie n'en renferme que quelques-uns, il n'y en a plus trace, assurent tous les voyageurs, dans les autres îles de l'archipel.

M. Rousselot a en outre trouvé dans cette dernière île un grand *boutou*, semblable à ceux de la Guyane, décoré de dessins guillochés représentant un personnage humain : sa poitrine est ornée d'un disque, porté sur un pied qui lui traverse le ventre et surmonté d'une sorte d'animal, qu'on prendrait pour un lézard, s'il était pourvu d'une queue. Cette figure ressemble assez à l'animal totémique des Roucouyennes du Tumuc-Humac, que Crevaux nous a fait connaître.

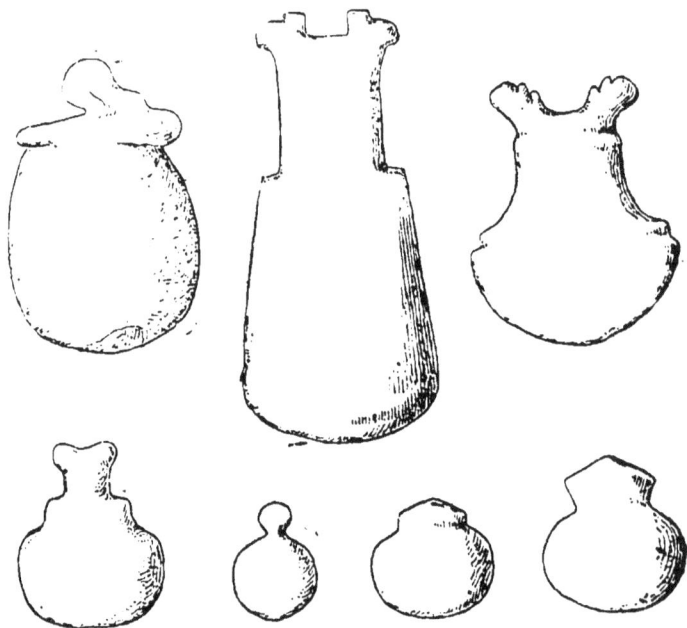

Fig. 17. Divers types de haches en pierre de la Barbade et de la Grenade[1].

L'archéologie des Petites-Antilles n'avait guère été étudiée jusqu'à ces derniers temps qu'à la Guadeloupe où un certain nombre de chercheurs, parmi lesquels se distinguent MM. Guesde père et fils, avaient patiemment rassemblé un grand nombre d'objets

1) Dans cette figure, la hache dessinée en haut et à droite est seule de la Barbade, toutes les autres viennent de la Grenade.

provenant des anciens indigènes [1]. Les antiquités de même nature passaient pour rares dans les autres îles : l'exposition coloniale nous apprend que la plupart de ces terres offrent tout autant d'intérêt que la Guadeloupe aux américanistes, et que ce sont les explorateurs qui ont fait longtemps défaut et non point les objets à recueillir.

La Grenade, Saint-Vincent, la Barbade, Sainte-Lucie, la Dominique, Antigoa, Nevis, ont exposé des antiquités caraïbes en grand nombre. Celles de la *Grenade*, envoyées par MM. Low, Cornwall-Lewis, Griffiths Deane, consistent principalement en haches et hachettes de pierre, dont les croquis ci-joints (fig. 17) représentent les principales formes.

A la *Barbade*, où sir Thomas Graham Briggs a formé une collection étendue, les haches en coquille prédominent considérablement, ce qui s'explique d'ailleurs par l'absence de roches

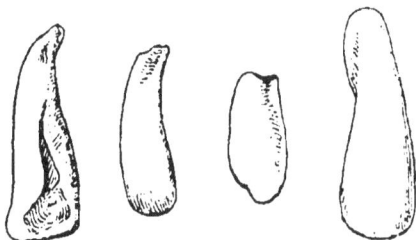

Fig. 18. Haches en coquilles de la Grenade et d'Antigoa.

dures dans cette île. Ces instruments de coquille que l'on trouve aussi parfois à la Grenade, à Antigoa, à Nevis et jusqu'à Porto-Rico, affectent habituellement les types reproduits ci-après (fig. 18).

Saint-Vincent nous montre, au milieu d'un grand nombre d'objets en pierre reproduisant l'aspect petaloïde de ceux de la Grenade ou de la Guadeloupe, quelques pièces exceptionnelles :

1) Voir sur la collection Guesde le mémoire de M. Otis T. Mason récemment analysé dans la *Revue d'Ethnographie* (T. V, p. 183) et les commentaires que ce travail a suggérés à M. de Nadaillac. (*Mat. pour l'histoire de l'homme*, août 1886.)

un grand croissant de pierre, par exemple, envoyé par M. Huggins, et dont la forme aurait été empruntée, suivant M. Hawtayne, à celle des hausse-cols des officiers européens, ou encore une amulette exposée par M. Matthias, représentant une tête humaine de profil, percée vers sa base de deux trous de suspension. Cette amulette, aussi bien que quelques autres pièces de Saint-Vincent, que nous avons eu l'occasion d'examiner, est taillée dans une roche d'un vert foncé, qui n'existe point dans l'île et dont la présence implique un ancien commerce d'échange avec des terres relativement éloignées.

Sainte-Lucie est représentée par un certain nombre de spécimens choisis par M. Rousselot dans l'importante collection qui a valu à cet archéologue une récompense à l'Exposition universelle d'Anvers. Les objets envoyés à Londres proviennent de diverses localités, Rivière-Dorée, Marigot, Cannelles, Soufrière, Choiseul, Laborie, etc.; ce sont des ornements de pierre en forme de petit hausse-col, ou plutôt de canine de carnassier; des haches de pierre à bouton, de diverses formes et de différentes grandeurs, perforées ou non à la hauteur de la gorge; des ciseaux à tête ou sans tête, plats ou cylindroïdes, plus ou moins élargis du bout, etc., etc.

La *Dominique* a été spécialement étudiée par le docteur Alfred Nichols, qui y a recueilli en divers points, à Vieille-Case, en particulier, des objets de pierre remarquables surtout par leurs dimensions énormes.

Je signalerai principalement dans la vitrine de M. Nichols, un ornement de pierre qui affecte la forme de deux croissants adossés.

La collection faite à *Antigoa* par l'évêque anglican Branch, renferme, entre autres pièces exceptionnelles, un spécimen de ces pierres dites *mammiformes* ou *mastoïdes*, parce qu'elles reproduisent assez approximativement la forme mamillaire. La pierre mammiforme d'Antigoa, vue de profil, a l'aspect d'une tête humaine dont le *mastos* serait le crâne, l'une des pentes, la figure, et l'autre la masse des cheveux rejetés en arrière. C'est à ma connaissance, le seul spécimen découvert jusqu'ici d'une

figuration de cet ordre. Toutes les autres pierres mammiformes,
celles de Porto-Rico, en particulier des collections Latimer ou
Pinart, représentent des personnages humains ou des animaux
couchés dont le renflement conique représente le dos, tandis que

Fig. 19 et 20. La pierre sculptée de Nevis, vue de face et de profil.
(D'après une photographie de sir G. Graham Briggs.)

les plans obliques correspondent à la tête et aux pattes de
devant d'une part, de l'autre aux pattes de derrière et à la queue.

Le Musée d'Ethnographie du Trocadéro possède une petite
pierre mastoïde, trouvée dans l'île de Saint-Martin, par M. Pinart
et qui reproduit le même aspect général. Celles de Saint-Vincent
et de la Barbade auxquelles M. Branch compare la sienne, offrent
les mêmes dispositions d'ensemble.

L'une des photographies envoyées à South-Kensington par sir G. Graham Briggs nous montre une autre pièce plus exceptionnelle encore que le *mastos* de l'évêque Branch. C'est une grande pierre sculptée, de 22 pieds anglais de haut, découverte à *Nevis*. On y distingue assez malaisément trois figures humaines nues, portant toutes trois une coiffure de forme particulièrement curieuse. Entre leurs jambes écartées apparaissent des têtes coupées qui sont peut-être celles d'ennemis vaincus.

On trouvera ci-dessus une reproduction de ce remarquable monument (fig. 19 et 20).

Canada. — Des 138,957 Indiens dont les dernières statistiques signalent la présence dans les huit provinces réunies sous le nom de *Dominion Canadien*, 85,329 vivent dans des *réserves*, et sont plus ou moins civilisées aujourd'hui. Sans doute, il est un certain nombre d'indigènes parmi les 46,628 non réservés qui ont conservé en partie les anciennes mœurs, mais ce sont les moins accessibles, les plus éloignés du centre d'action des blancs. Tous ceux sur lesquels agit l'influence administrative se plient à nos habitudes et perdent de plus en plus leur originalité. Aussi l'exposition de Londres ne nous montre-t-elle rien de caractéristique venant des grandes tribus de l'Est ou du Sud-Est. Quelques magasins dits *Bazars indiens* vendent de ci de là de laides petites choses fabriquées pour l'exportation : raquettes à bouffettes de laine rouge, modèles de canots en sapin, boîtes en bouleau ornées de porc-épic teint de couleurs voyantes, ou mocassins bordés de ganses et garnis de perles d'une fatigante polychromie. C'est tout ce qui représente les arts des Algonquins, des Iroquois, des Hurons actuels. Leur passé, si plein d'intérêt cependant, a été complètement négligé, et l'on chercherait vainement dans toute la section canadienne un vieil outil de cuivre du lac Supérieur, une ancienne hache de pierre de la vallée du Saint-Laurent.

Deux instruments seulement représentent les industries des anciens Cris de la Saskatchewan. Ce sont des pierres polies en forme de double cônes accolés par leurs bases ; une rainure

ménagée sur l'axe transversal loge une rondelle de cuir qui fixe la
pierre au manche. Deux vieux cylindres de bois en partie
ajourés, recueillis aussi chez les Cris, rappellent l'habileté des
anciens Peaux-Rouges à évider les manches de leurs calumets
de parade.

Je n'ai vu d'autre objet des Sioux qu'un couteau tout moderne,
orné de coquilles de *Dentalium haiaqua*, apportées sans aucun
doute des bords du Pacifique dans la Prairie par quelque col-
porteur.

L'ethnographie et l'archéologie des provinces de l'Ouest
n'ont pas été moins négligées que celles des contrées de
l'Est, et moins de vingt objets des îles de la Reine-Charlotte
représentent tout ce qui est venu à Londres du littoral occidental.

Cette collection se compose de quelques bois sculptés modernes
présentés par M. Powell et de quinze objets d'argilite mis en
vente par M. Dawson. Ces dernières pièces, découpées au couteau en forme de piliers, de boîtes et de plats, ne sont pas moins
récentes que les sculptures sur bois qui les avoisinent. Toutes ces
choses ont été confectionnées par les Haïdahs dans un but exclusivement commercial et n'offrent un peu d'intérêt que par les
survivances ethnographiques dont elles fournissent la démons-
tration. Certaines collections connues, celle de Copenhague entre
autres, sont bien autrement instructives, même à ce point de
vue très restreint, que la collection de M. Dawson.

Les établissements de la baie d'Hudson n'ont aussi envoyé que
des objets modernes, contrefaçons des anciennes fabriques
locales, altérées par l'introduction de modèles d'origine européenne.

Les formes générales sont restées, la matière première est
très souvent demeurée la même, peau de daim et porc-épic, mais
l'ornement imite nos décors européens. D'autres pièces plus
horribles encore nous montrent des appliques formées de laides
perles anglaises fixées sur des découpures de drap aux couleurs
criardes.

Les griffes du *grizzly bear* alternent dans les colliers des chasseurs modernes avec de grosses boules de verre rouges, blanches ou bleues, et les couvertures rayées ont remplacé les robes de bison à incises biographiques disparues à jamais des territoires de chasse. La tente en peau que l'on expose sur une des terrasses, est ornée d'horribles barbouillages à l'indigo, au vermillon, à l'ocre, qui se substituent dans toutes les tribus actuelles aux anciennes ornementations, dont il ne reste que le scalp, toujours accroché comme jadis à cette partie du *tepee*.

IV

COLONIES ASIATIQUES

Hong-Kong. — La petite île de Hong-Kong qui n'a que 29 milles carrés, possède actuellement 180,000 habitants, dont 3,000 Blancs environ.

Les Chinois, qui s'y sont installés sous la protection du pavillon britannique, y ont importé la plupart des branches de commerce de l'Empire du Milieu et leur exposition à South-Kensington est comme un résumé de l'ethnographie nationale.

Les objets présentés par les *guildes* de Hong-Kong sont de ceux que le négoce répand un peu partout, surtout dans l'Extrême-Orient, et il n'y a pas lieu d'insister sur leurs caractères.

On voit là des outils de fer et de cuivre, des rotangs et des bambous travaillés, des bois de camphriers et des ivoires ciselés, des terres cuites, des grès coloriés, des pipes, de la droguerie, etc.

L'exposition de Hong-Kong est naturellement complétée par un bazar chinois, où des vendeurs indigènes de types très accentués offrent leurs marchandises avec un obséquieux empressement.

British North Borneo est beaucoup plus intéressant. Dans le vaste territoire qui porte aujourd'hui ce nom et qui embrasse un sixième de la superficie de la grande île de Kalémautan, les agents de la compagnie anglaise se sont rencontrés avec des Malais, et surtout avec des Indonésiens de tribus diverses.

Sur le littoral, en effet, vivent juxtaposés des Biadjous (Bajaus) ou Tziganes de mer, des Maures de Solo, des Boughis de Célèbes, des Illanouns de Mindanao, tandis qu'à l'intérieur on rencontre des Boulédoupis, que notre collaborateur et ami, le docteur Montano, a le premier scientifiquement étudiés [1], et qui se mélangent de Doumpas au nord, d'Eraans au sud. Plus haut encore, sont des Dusuns divisés en Roungas, Kourouris, Oumpouloums, Saga-Sagas, Tounbounouas, Tingaras, Roumanouas, etc., etc.

Chacun de ces petits peuples a son ethnographie à part, et les collections recueillies par M. Treacher, agent supérieur, MM. Cook, Crocker, Dent, Lemprière, Macbean, Pryer et Walker, donnent une idée exacte des caractères propres aux divers groupes ethniques du littoral et de l'intérieur.

Les Biadjous ont le large bouclier rond [2] et le *tombelousou*, grande lance de bambou à pointe de bois dur; les Dusuns se couvrent d'un long bouclier hexagone, semblable à celui de presque tous les Dayaks, et leur arme favorite est la sarbacane (*sumpitan*). Les vêtements de coton, d'écorce, de fibres diverses, varient sensiblement dans les différents groupes. Comme chez les Dayaks du sud, le callao et l'argus fournissent principalement les ornements de la tête des Dusuns, qui couvrent aussi très volontiers leurs boucliers des touffes de cheveux de leurs

---

1) Je constate avec plaisir que, par une exception flatteuse, l'auteur du *Handbook of British North Borneo*, mentionne honorablement M. Montano, dans le chapitre où il traite de la *population* des territoires de la Compagnie.
2) C'est presque le même que celui des Bagobos de Mindanao.

ennemis décapités. Les *cris* changent de forme, de longueur,
de manche, d'une tribu à l'autre ; les poignées d'ivoire ciselées
et ornées de cheveux ou de crins sont de fabrication dayake, les
manches de bois sculpté , d'origine boughise. Parmi les armes
offensives et défensives les plus remarquables, je citerai deux
magnifiques épées biadjous à garde carrée[1] et dont l'extrémité
est gracieusement découpée en fleuron , puis des cuirasses formées de plaques quadrilatères rattachées par des mailles et
dont les affinités japonaises sont vraiment des plus frappantes.

L'herminette, toute malaise, répète exactement en fer le type
de certains instruments de pierre trouvés à Som-Ron-Sen (Cam-
bodge), et la harpe de bambou n'est autre que la *valiha* malgache
dont je rappelais un peu plus haut l'origine indonésienne.

Straits Settlements and protected Malay States. — Singapour,
Poulo-Penang, Poulo-Pancore ou Dinding et les cantons maritimes qui avoisinent ces deux dernières îles, enfin la province de
Malacca composent, avec le petit archipel des Cocos, l'ensemble
désigné par les Anglais sous le nom d'*Établissements des Détroits.*
Trois États malais se rattachent, en outre, à ces *Straits Settlements ;* ce sont ceux de Perak, Selangor et Sungei-Ujong.

Tous ces territoires sont habités depuis plusieurs siècles par
une population malaise venue principalement de Sumatra, et
dont les recensements les plus récents évaluent le chiffre à
250,000 âmes. Il s'est ajouté à ces Malais des immigrants chinois
plus nombreux encore, puisqu'ils dépassent 272,000[2]. Mais il
subsiste à l'intérieur de la presqu'île les débris d'une race beau-

---

1) Ces armes ont encore leurs similaires chez les Bagobos, que leur ethnographie rapproche décidément d'une façon très étroite des Biadjous.
 2) Il n'y a peut-être pas de pays au monde où la population soit plus hété-
rogène que dans les Etablissements des Détroits. Les statistiques anglaises n'y
distinguent pas moins de vingt-quatre groupes ethniques, énumérés de la manière suivante par M. Swettenham (il n'est plus ici question des Etats malais
protégés) : Chinois, 174,327; Malais, 174,326; Tamils, 37,305; Bugis, 22,217;
Jawis Pekans (métis d'Indiens et de Malais), 7,091; Eurasiens (métis d'Européens et d'Asiatiques), 6,904; Bengalis et autres natifs de l'Inde, 3,519; Européens (y compris militaires et détenus), 3,482; Boyanais, 2,381; Arabes, 1,637;
Siamois, 706; Aborigènes de la péninsule, 308; Birmans, 249; Atchinois, 235;
Juifs, 204; Cinghalais, 119; Manillais, 118; Arméniens, 112; Annamites, 71;
Dayaks, 51; Africains, 51; Parsis, 33; Japonais, 26; Persans, 3.

coup plus ancienne, c'est celle des Semangs, petits nègres (*négri-tos*) aux cheveux laineux et longs, au crâne arrondi, à la peau fuligineuse, tout semblables à ceux des Philippines ou de l'archipel Andaman et dont l'ethnographie, d'ailleurs très simple, a été surtout étudiée par M. Miklukho-Maklay, qui a traversé leur territoire [1].

Les Semangs sont très peu nombreux dans les cantons protégés par l'Angleterre. Le centre de leur habitat est sur le versant oriental des montagnes en dehors de l'action des agents britanniques. Mais il s'est formé entre ces Semangs et les envahisseurs malais, une population mixte, connue généralement sous le nom de *Sakaies*, et dont les recherches spéciales de MM. A. Marche, J.-E. de la Croix [2], Brau de Saint-Pol Lias, de Morgan, Abraham Hale ont fait connaître les caractères.

De ces Sakaies, les uns, moins accessibles, ont conservé les mœurs des âges de la pierre et du bois, les autres, plus voisins de la mer, ont acquis peu à peu, au contact des Malais, un certain degré de civilisation relative [3].

L'exposition des *Straits Settlements* nous montre les œuvres des uns et des autres; les arcs et les lances à pointes de bambou des premiers (fig. 21 et 22); les sarbacanes ou *sumpitans* et les petits carquois finement gravés des seconds [4]. Le matériel des Sakaies se compose, en outre, d'un certain nombre d'objets en osier tressé, tels que hottes, paniers, etc. Des bambous, presque toujours striés de fines esquisses, leur fournissent des instruments de ménage fort simples, qui servent au transport de l'eau, à la cuisson du riz, etc.; des écorces battues, des graines; des coquilles ou des dents enfilées, des feuilles tressées en couronnes, de petits bouquets de fleurs, qu'on dispose dans les

1) *Journ. of the Straits Branch of the Roy. Asiat. Soc.* Déc. 1878.
2) Cf. J.-E. de la Croix, *Etudes sur les Sakaies de Perak.* (*Revue d'Ethnogr.*, t. I, p. 317-341, 1882, fig. 136.)
3) On compte, d'après les statistiques anglaises, 759 de ces Sakaies dans l'Etat de Selangor; d'autres, dont le nombre n'a point été établi exactement, habitent certaines parties de l'Etat de Perak et de la province de Wellesley. M. J.-E. de la Croix nous a appris que tandis que ces Semangs habitent la rive droite de la rivière Pérak ou du moins le pays qui s'étend au nord-ouest de ce cours d'eau, les Sakaies habitent la région sud-est de cette rivière.
4) Cf. *Revue d'Ethnographie*, t. I, p. 41-56, 1882.

cheveux, des piquants de porc-épic passés dans la sous-cloison du nez, sont tout leur vêtement, toute leur modeste toilette [1].

Les Manthras, les Knabouïs, les Udais, les Jakouns de la province de Malacca sont plus pauvres encore [2].

Quant aux Malais de la péninsule, ils ne diffèrent par aucun trait essentiel de ceux bien plus connus qui dominent les îles de

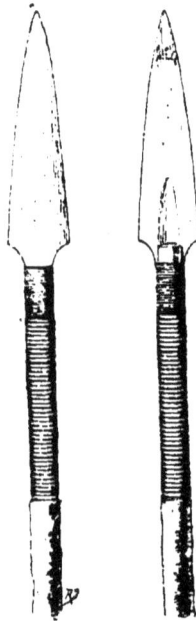

Fig. 21 et 22. Pointes de lance des Semangs.

la Sonde. Les caractères physiques, intellectuels et moraux de la race sont tout à fait les mêmes sur les deux rives du détroit, et l'ethnographie de Perak ou de Malacca reproduit avec une grande fidélité celle des contrées maritimes de Sumatra, de Java, etc., si bien étudiée par les résidents hollandais. Nous n'insisterons donc point sur la description détaillée des collections nombreuses

---

1) Ils ne possèdent comme métaux que des spirales en fil de cuivre, dont ils font des bracelets, des bagues, des ornements de collier et un peu de fer, dont ils arment parfois la pointe de leurs flèches. (Cf. J.-E. de la Croix, *op. cit.*, p. 329 et suiv., et fig. 136, p. 341.)
2) Cf. *Revue d'Ethnographie*, t. I, p. 41-56, 1882.

et variées installées avec goût dans sa *Court* par le commissaire exécutif, M. F.-A. Swettenham.

M. A. Hale, inspecteur des mines à Kinta, qui a rassemblé pour l'exposition une collection spéciale des objets en usage chez les Sakaies de Ulu Kinta, nous paraît y avoir introduit un cer-

Fig. 23. Harpe malaise
à trois cordes.

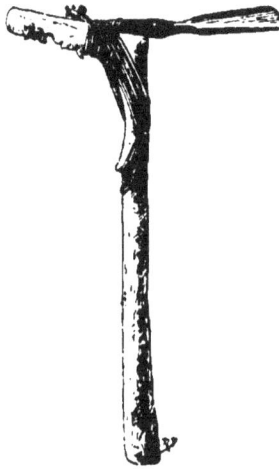

Fig. 24. Herminette malaise à lame de fer
emmanchée en rotang.

tain nombre de pièces d'origine ou d'imitation malaise et siamoise. La même observation paraît d'ailleurs applicable à la collection formée pour le Trocadéro par M. de Morgan, et dans laquelle figurent, comme Sakaies, bien des choses échangées par les Malais avec les Hommes de bois (*Orang-Outane*).

Je mentionnerai seulement, en passant, quelques séries d'objets qui m'ont particulièrement frappé, comme la collection d'armes du major R.-S.-F. Walker, dont l'examen permet de se rendre un compte exact des variations de l'arsenal malais de Pérak à Célèbes, ou la série d'engins variés recueillis par MM. W.-A. Pickering et T.-I. Rowell, qui donne une si haute idée de l'ingéniosité des chasseurs et des pêcheurs de la péninsule.

Le gouvernement de Perak a envoyé une quantité d'objets usuels de toutes sortes, parmi lesquels j'ai surtout remarqué des pierres à moudre avec leurs rouleaux en granit, des pilons et des mortiers de bois à une et à trois cavités, un tric-trac à vingt cases et double magasin, des herminettes en fer emmanchées en rotang (fig. 24), une harpe de bambou à trois cordes (fig. 23), sorte de diminutif de celles de Bornéo et de Madagascar, un violon tout semblable au *rebab* d'Arabie, enfin des terres cuites agréablement ciselées, vernies seulement vers le fond, et des ustensiles de laiton d'un travail assez soigné.

Une vitrine spéciale contient le trésor royal (*The Perak Regalia*) : ce sont les objets personnels d'Ismaïl et d'Abdullah, les derniers sultans de Perak, l'un banni aux Seychelles, l'autre interné à Johore. On y voit notamment une épée ancienne en fer noir, ornée d'une lourde poignée en or et en émaux ; un sabre à garde d'or chargée de pierreries, des *cris*, des bassins et des boîtes à bétel en or et en argent, etc. [1].

Burmah. — D'autres *regalia*, pour continuer à nous servir de cette expression britannique, ont été montrées depuis notre voyage à Londres, dans la section birmane de l'Exposition coloniale. Ce sont les *regalia* du fameux Thee-baw (Thi-bau), le monarque tout récemment renversé par les Anglais de son trône de Mandalay. Je n'ai vu de ces choses royales que deux sanctuaires en bois doré, ornés de verroteries et que l'on venait de dresser

---

1) J'allais oublier de signaler les trois belles maisons malaises de grandeur naturelle, érigées dans le jardin qui fait face à l'exposition des États protégés. Cette restitution d'un *kampong* malais intéresserait bien plus vivement les visiteurs s'ils y trouvaient exactement reproduits les ingénieux procédés d'assemblage des charpentiers malais. Il manque aussi, pour animer la scène, quelques indigènes exerçant sous les yeux du public leurs petites industries.

sur une des pelouses du Parc. Le premier de ces sanctuaires, tout
moderne, a été, dit l'inscription explicative, érigé dans le palais
de Mandalay, sous le règne de Thee-baw; le second, plus âgé de
deux cents ans, aurait autrefois existé à Ava et en aurait été enlevé
avec bien d'autres richesses au moment de l'exode à Mandalay
vers la fin du xviie siècle.

Je n'ai point vu les autres pièces du trésor royal birman ; j'ai
pu seulement examiner attentivement divers bouddhas en bronze,
des vases en laiton décorés, de jolies sculptures en bois de tek,
des livres finement gravés sur des feuilles de palmier, etc.
Toutes ces choses sont exposées dans un pavillon spécial, qui
appartient à la Compagnie anglaise pour l'exploitation des bois
de tek.

Cette société montre en même temps au public, à l'aide de
modèles en relief, les divers procédés employés sur ses chantiers.
La plus curieuse de ces sculptures représente un radeau avec son
équipage, qui descend l'Iraouaddy, soutenu par de nombreux
flotteurs en forme de coussinets, disposés tout autour de la volu-
mineuse masse.

D'autres statuettes d'hommes et de femmes, façonnées à
Rangoun, se voient dans l'une des galeries de l'Inde, où l'on peut
également étudier des spécimens des arts décoratifs de la
Birmanie inférieure, *kalagas* ou *appliqués* de soie de couleurs
brillantes, broderies, bijouterie en filigranes, vaisselle d'or et
d'argent, laques, bois gravés, etc. Ces derniers sont particulièrement remarquables par leur délicatesse ; les laques et l'ar-
genterie jouissent également d'une réputation méritée.

J'ai pu me procurer, après avoir examiné toutes ces choses,
des renseignements assez peu connus sur l'ethnologie de la Birmanie, renseignements dont un court résumé ne sera point dé-
placé au milieu de ces études.

On divise aujourd'hui la population de Birmanie en quatre
groupes principaux qui sont ceux des *Mons* ou *Talaings*, des
Mrammas, des *Karens* et des *Shans*. Les Mons sont les premiers
habitants connus de la contrée ; la peuplade dravidienne des
Talaings, venue du Telinga, les soumit à une époque fort

ancienne, mais s'est absorbée peu à peu dans leur masse, au point de n'en plus pouvoir être distinguée aujourd'hui.

La famille Mramma intervint alors dans l'ethnogénie birmane, apportant avec elle la langue et l'idiome aujourd'hui adoptés dans tout le pays. Cette famille ne comprend pas seulement les Birmans proprement dits ou Barmans, mais aussi un bon nombre

Fig. 25. Groupe de Karens (d'après une photographie)[1].

de tribus montagnardes, Sak, Chaw, Kwyami, Kùn, Mro, Shandu, vivant principalement dans la vallée de la rivière Kaladan et qui semblent faire le passage des Birmans aux Thibétains.

Les Karens, divisés en Sgans ou Pates et Pghos ou Mutes, parlent une langue monosyllabique et tonique comme le birman, mais qui en diffère aussi complètement par sa construction que

1) Voir dans l'exposition les statues représentant un *Bgai Karen* et un *Gecko-Karien*, montagnards du district de Toungnou.

par son vocabulaire. Leurs caractères physiques semblent indiquer de profonds mélanges (fig. 25). Certains individus ressemblent considérablement à des Birmans, d'autres ont des physionomies presque chinoises. On trouve enfin deci delà des sujets qui offrent des traits assez analogues à ceux des Indonésiens, Battaks, Dayaks, etc., dont les Karens se rapprochent d'ailleurs par bien des particularités ethnographiques, et notamment par les broderies polychromes dont ils ornent leurs vêtements, leur coiffure, etc. On verra dans la suite de ce travail, que l'étude des tribus du nord-est des Indes anglaises, conduit à des conclusions toutes semblables, et qu'une longue théorie de peuplades identiques se profile sur la carte d'Asie, depuis l'Assam et le Chittagong jusqu'à Bornéo, Mindanao, Timor, etc., etc.

Les Shans, dont le territoire est plus au sud entre Ava et Rangoun, font certainement partie de ce vaste et curieux ensemble.

Ceylon. — L'ethnologie de Ceylan (les Anglais écrivent Ceylon) n'est guère moins compliquée que celle de la Birmanie. Dans cette île aussi, quatre populations au moins se sont superposées depuis les origines de l'histoire. La plus ancienne est celle des Veddhas ou Chasseurs[1], petit groupe de tribus sauvages qui vivent très isolées et dont les caractères les plus essentiels sont encore aujourd'hui discutés par les ethnologues. On a décrit à diverses reprises sous le nom commun de Veddahs, plusieurs catégories bien distinctes de montagnards, il est résulté de ces erreurs de nomenclature, une confusion extrême que les renseignements qui viennent d'être placés sous nos yeux, ne sont malheureusement pas de nature à faire cesser.

Les insulaires primitifs de Ceylan, que l'on nous donnait, il y a quelques années à peine, comme des êtres noirs de peau et ornés de longs cheveux presque droits, se présentent aujourd'hui sous des apparences toutes autres. Des photographies, nouvellement

---

1) Ce mot, que l'on trouve dans les auteurs sous les formes *Vedda, Veddah, Beda,* etc. semble bien correspondre à celui de Wedars, qui signifie *chasseurs.*

Fig. 26. Groupe de Veddahs (d'après une photographie).

exécutées (fig. 26), nous les montrent, en effet, petits de taille encore, il est vrai, mais relativement robustes et musclés, avec des traits grossiers, tout semblables à ceux du *Bandra-lokn* ou Djangal de M. Louis Rousselet [1], et des cheveux longs et crépus, qui leur font une coiffure qui rappelle celle de certains nègres des archipels d'Asie.

En comparant ces portraits à ceux que nous connaissions auparavant, on est conduit à supposer qu'il y aurait à Ceylan, deux sortes de Veddahs, comme il existe deux sortes de Sakaies à Pérak. Il faut distinguer, en effet, des sauvages habitants de la jungle du sud et de l'est, les *out-laws* Cinghalais que les habitants des villes voisines confondent souvent avec eux. Mais, nul n'est autorisé, dans l'état présent de la science, à aller au delà de cette distinction ; nul n'est en droit d'affirmer que les Veddahs soient vraiment des dravidiens ou des négritos semblables à ceux du centre de l'Inde. Une exploration attentive de l'intérieur de l'île arrivera seule à élucider complètement cet intéressant problème, presque complètement négligé jusqu'ici par les explorateurs anglais.

Quoi qu'il en soit, du reste, les Veddahs ont une ethnographie fort simple, qui diffère assez peu de celle des négritos, dont ils partagent le genre de vie. Ils habitent des cavernes ou des arbres creux, et vivent de chasse dans les bois. Leur arme favorite est l'arc, qu'ils manient du reste avec beaucoup de maladresse. Les femmes Veddahs fabriquent des poteries grossières, taillent des ornements d'ivoire, ou préparent des mixtures de gomme de croton et de poudre de feldspath, qui servent aux gens de Kandy à armer leurs pierres de meules.

Les autres habitants de Ceylan sont des Cinghalais, descendants de colons venus de la vallée du Gange, vers le milieu du vi⁰ siècle avant notre ère, et dont on estime le nombre à 1,920,000 ; des Tamouls ou Tamils, sortis du Dekkan, et qui sont environ 687,000, enfin ce que l'on appelle des Mores (Moormens), maho-

---

1) *Bull. de la Soc. d'Anthrop. de Paris*, 2⁰ sér., t. VII, p. 619, 1872.

métans, mêlés d'Arabes et de Malais, dont le total s'élève à
182,000 [1].

L'ethnographie de ces trois peuples est bien connue de la plupart des lecteurs; de récentes exhibitions en ont popularisé les
plus curieux détails. L'Exposition coloniale de Ceylan n'ajoute
presque rien d'essentiel à ce que nous montrait dernièrement la
troupe cinghalaise du Jardin d'Acclimatation. Je dois reconnaître
cependant que les travaux d'or, d'argent, d'ivoire ou d'écaille,
les sculptures et les peintures sur bois, ne m'étaient point fami-
lières dans leurs manifestations véritablement artistiques.

L'habileté technique et le goût des orfèvres actuels de Kandy
sont remarquables, mais les ouvrages de bijouterie ancienne
exposés par les fabricants de ce même district sont plus précieux
encore.

On m'a fait voir aussi des filigranes d'or curieusement com-
binés avec de l'écaille ou des perles. Ces belles pièces venaient
de Jaffna dans la province du nord.

L'ivoire est spécialement travaillé dans des familles du district
de Kegalla; les plus belles noix de coco ouvragées, les plus élégants articles en ébène ou en tamarin, viennent de Kalutara, sur
la côte entre Colombo et Pointe-de-Galles. Un exemplaire remarquable de ce dernier genre de travail reproduit, à l'entrée occidentale de la galerie, la porte de pierre de Yapahu, une ancienne
résidence royale des monarques cinghalais.

Les peignes d'écailles en demi-cercles, si prisés des indigènes,
les hampes et les bâtons brillamment laqués, les poteries et les
nattes décorées d'élégants dessins rouges, noirs et jaunes, les
grands masques, bizarres, peints des mêmes couleurs, représentent tout autant de manifestations bien caractéristiques de
l'ethnographie cinghalaise.

Ces derniers, qui ne sont pas sans affinité avec les anciens
masques japonais, aujourd'hui si recherchés des collectionneurs

---

1) L'auteur de la statistique à laquelle j'emprunte ces chiffres ajoute à ces
trois nombres les suivants : *Other Native Races*, 13,000; *Burghers or natives of
European descent*, 18,000; *Europeans*, 5,000, ce qui porte le chiffre de la
population totale à 2,825,000. La proportion des Européens aux natifs n'atteint
pas, on le voit, 2 pour 1,000.

européens, sont portés par les *diables danseurs*, aux fêtes de Pe-
rahera, dans la procession annuelle qui sort du temple de la
relique (Dalada Maligawa) dans les rues de Kandy pendant la nuit
qui correspond à la pleine lune d'août. Cette procession, à laquelle
les prêtres de Bouddha s'abstiennent de prendre part, et qu'ils se
refusent, malgré son objet, à considérer comme orthodoxe, a
beaucoup d'importance, au contraire, aux yeux du peuple, que
deux mille ans de bouddhisme n'ont point pu détourner de certaines vieilles pratiques païennes.

A ces choses près, Ceylan est un foyer de bouddhisme très pur.
Dans cette île comme au Siam et comme en Birmanie, la religion
du Bouddha a lutté victorieusement contre le brahmanisme et
compte actuellement les représentants les plus autorisés de sa
doctrine. Deux des personnalités les plus remarquables du haut
clergé bouddhique, Sumangala, le grand prêtre du Pic d'Adam
et Subhuti, le savant de Waskaduva, ont rassemblé pour l'exposition une riche collection de manuscrits religieux en caractères
palis, admirablement écrits et reliés avec luxe. MM. Jayawar-
dana, Lawrie, Macbride, Thwaites, etc., ont envoyé des images
nombreuses du Bouddha, qui le montrent dans ses attitudes favorites ; M. Peries a exposé quatre curieuses bannières de procession ; un autre collectionneur a fait exécuter les moulages de
l'arc et des flèches d'or attribués à Rama et que l'on conserve à
Ratnapura ; enfin, le gouvernement de l'île nous présente l'image
d'un moine mendiant, vêtu de sa robe jaune et muni de la coupe
dans laquelle il va recueillir les aliments fournis par la charité
publique. Un écran lui masque la vue et un morceau de mousse-
line sert à filtrer l'eau qui compose sa boisson.

Les photographies des plus célèbres monuments religieux de
Ceylan, complètent cette exhibition religieuse bouddhique.
MM. Skeen et Cie, photographes à Colombo, exposent une série
de magnifiques épreuves des grandes ruines d'Anuradhapura, le
mieux conservé des anciens lieux sacrés du bouddhisme cinghalais. On doit aux mêmes artistes une intéressante collection de
types choisis dans la population actuelle. Miss C. F. Gordon
Cumming a fait à Ceylan, comme aux îles Viti, une suite d'a-

quarelles ethnographiques et pittoresques, qui sollicitent par leur sincérité l'attention du visiteur. Deux séries de petits modèles, l'une en plâtre, l'autre en bois, permettent de bien saisir les variations du costume et du type chez les habitants de Ceylan. Enfin, trois figures, de grandeur naturelle, exécutées pour le compte du gouvernement de la province de l'ouest, sont groupées dans une petite scène qui met en présence un chef de Kandy, Diwa Nilame, en costume officiel, et un Cinghalais du littoral, Dias Bandaranayaka, portant son bouclier et les autres insignes. Le premier de ces personnages est brillamment vêtu, mais peut-être un peu grotesque : le second a manifestement subi l'influence des contacts européens.

Maldive. — Les vingt petits atols dont la réunion forme l'archipel des Maldives, sont commandés par un sultan, placé sous l'autorité du gouvernement de Ceylan, dont il ne dépend, du reste, que d'une manière tout à fait nominale.

Jusqu'en 1885, l'ethnographie des Maldives était demeurée à peu près inconnue. M. C. W. Rosset a fait, à cette date, un séjour de quelque durée dans ces îles et recueilli des collections fort étendues qu'il est venu montrer à Londres [1].

Il résulte des renseignements fournis par M. Rosset, à l'appui de son exposition [2], que les Maldiviens des castes élevées ont conservé une physionomie arabo-persane. Bien des femmes de l'Ile du Sultan rappelaient au voyageur les beautés de la Perse, au teint jaune brunâtre clair, aux grands et magnifiques yeux noirs. Les gens de basse caste sont bien plus mélangés, mais demeurent plus voisins des Musulmans que des Cinghalais, quoique leur parler se rapproche plus de celui de Ceylan que de l'arabe ou de l'hindoustani. On distingue d'ailleurs chez eux cinq dialectes, dont deux seulement sont encore en usage. Les mœurs, les cou-

---

1) Ces collections, qui étaient à vendre, ont été acquises en majeure partie par le British Museum et les musées ethnographiques de Berlin et de Vienne.
2) Cf. C.-W. Rosset, *On the Maldive Islands, more especially treating of Malé Atol.* (*The Journal of the Anthropological Institute of Great Britain and Ireland*, 1886, p. 164-174).

tumes, les croyances, les pratiques sont arabes, mais l'influence cinghalaise se traduit par certains côtés très caractéristiques. Je citerai notamment le goût très prononcé des insulaires pour les couleurs de Ceylan, le rouge, le jaune et le noir.

Les principales industries des Maldiviens sont la pêche, la préparation du poisson salé, la récolte des cauries et de l'écaille de tortue, la cueillette des cocos et l'apprêt de leur fibre, enfin la fabrication d'étoffes et surtout de nattes particulièrement estimées. Ces dernières, qui viennent de l'Atol Suvadiva, présentent les plus harmonieuses combinaisons du noir, du blanc et du brun pâle, et leur délicatesse les fait rechercher dans l'Empire Indien tout entier [1].

---

1) L'Angleterre a fait figurer parmi ses *colonies* asiatiques à l'exposition de Londres, l'île de Chypre (*Cyprus*), malgré le caractère éminemment provisoire de la convention du 1er juillet 1878, qui a mis ce pays entre ses mains. L'exposition chypriote de South-Kensington n'avait d'ailleurs presque rien de particulièrement ethnographique.

On y montrait cinq indigènes, deux hommes et trois femmes, en costumes nationaux ; ces dernières dévidant des cocons sous les yeux du public. J'y ai vu également des ustensiles domestiques en cuivre, en bois, etc., des poteries, des bijoux, des broderies, des armes, etc., le tout assez médiocre.

Les instruments agricoles seuls offraient un véritable intérêt. On remarquait, en effet, dans la section qui leur était réservée, une charrette toute en bois d'une forme absolument archaïque, des jougs, des charrues, et surtout une sorte de dépiquoir, qui n'est autre que l'ἁλωνίστρα des anciens Grecs, le *tribulum* latin. C'est une planche de bois dur, assez épaisse, relevée quelque peu en avant et dont le dessous est entièrement garni de silex plus ou moins grossièrement taillés, le conducteur se tient debout sur l'appareil que des chevaux ou des bœufs traînent en rond sur l'araire ; les couteaux de pierre hachent la paille et l'épi au-dessous desquels reste le grain.

M. le général Loysel a vu cet appareil en usage à Ténériffe. Notre musée d'ethnographie en possède un exemplaire qui vient de Tunisie. M. Lortet en a rapporté au musée de Lyon un autre qu'il s'est procuré dans la plaine de Jaffa. (*La Syrie d'aujourd'hui*, p. 380.) M. Burnouf en a signalé, en 1872, à l'Académie des inscriptions et belles-lettres, l'emploi dans une bonne partie de la Grèce, en Thessalie, en Thrace, etc., et voici que le comité de l'exposition chypriote assure qu'il n'existe pas à Chypre d'autre moyen de séparer le grain de l'épi.

●

V

EMPIRE INDIEN

L'empire Indien (*Empire of India*) est assurément l'une des contrées de la terre qui offrent aux investigations des ethnologues le plus vaste champ d'étude. Les trois principales branches de l'humanité s'y sont successivement développées avec vigueur, et la population de 253,891,821 habitants qu'on y compte, offre des représentants plus ou moins nombreux des races les plus éloignées [1].

Les Négritos, qui ont été les premiers hommes du sud-est de l'ancien monde, semblent avoir erré dans l'Inde presque entière à une époque bien antérieure à toute tradition. Du moins retrouve-t-on aujourd'hui les débris de leurs tribus dispersés en petites fractions depuis l'Himalaya jusqu'au cap Comorin.

A côté d'eux vivaient d'autres sauvages, apparentés de près aux Australiens actuels, et dont les régions montagneuses de l'Inde centrale nous ont conservé quelques rares descendants [2].

Australoïdes et Négritos étaient les seuls habitants de la presqu'île, lorsque, à une époque fort ancienne mais indéterminable, commencèrent les migrations des peuples de race jaune. Les premiers de ces Indo-Touraniens, comme les nomment les ethnologues anglais, furent les Kolariens, qui pénétrèrent dans le pays par son angle nord-ouest. Puis surgirent les Dravidiens, proches parents des Kolariens. Ils descendaient du Bélouchistan,

---

1) Le nombre des langues parlées dans l'empire indien était estimé à 106 au recensement de 1881.
2) Cf. *Crania Ethnica*, p. 325.

où ils avaient laissé les Brahuis et pénétrèrent dans le cœur du pays entre l'Indus et la Nerbouddha, où les Gonds des provinces centrales, les Ouraons du Chutia Nagpcur, les Malers du Rajmahal rappellent leur séjour. Ils parvinrent enfin dans les territoires de la Présidence de Madras, et y fondèrent les puissantes nationalités des Tamouls ou Tamils, des Telougous, etc.

Deux mille ans avant notre ère, apparaissent enfin les représentants des races blanches ; ce sont les fameux Aryens, les Indous proprement dits ; ils traversent l'Indus, conquièrent le Penjàb et longeant le Gange prennent Oudh et étendent leur domination jusqu'au Bengale. Kolariens et Dravidiens sont rejetés dans l'Himalaya ou reculent sur le plateau central. Ceux des anciens habitants qui n'ont point fui devant l'envahisseur, sont obligés de prendre rang dans les castes inférieures d'une société étroitement hiérarchisée. Mais l'humble situation imposée aux vaincus entretient chez eux une animosité profonde et lorsque le bouddhisme vient réveiller leurs espérances, ils sont les premiers à embrasser une croyance qui leur assure l'égalité avec leurs conquérants. Sous Açoka (250 ans avant notre ère), l'Inde presque entière est devenue bouddhiste et le demeurera pendant une dizaine de siècles. Toutefois l'Indouisme n'est pas mort et reparaît sous des formes nouvelles : les sectes Vichnouïte, Sivaïte et Jaïnite se partagent à peu près également les populations arrachées au culte de Bouddha, à la suite de longues et sanglantes révolutions religieuses.

Les vieilles dynasties ont disparu, mais au moment où les Radjpoutes établissent solidement leur domination, l'invasion musulmane introduit dans l'Inde de nouveaux éléments de lutte et finit par assujettir à l'Islam près d'une moitié des habitants de la péninsule.

Ces mouvements de peuples, ces conflits de croyances se succèdent et s'enchaînent ainsi pendant quarante siècles, et les européens qui arrivent aux Indes en 1498 y rencontrent partout la plus inextricable confusion de races, de langues, de religions et de mœurs. Les progrès de la linguistique et de l'archéologie, de 'anthropologie descriptive et de l'ethnographie ont dissipé lentement depuis lors une partie des ténèbres qui enveloppaient les origines indoues ; on distingue peu à peu les langues aryennes de celles qui ne le sont point et on établit l'antériorité de celles-ci par rapport à celles-là ; on fixe les caractères spéciaux et la chronologie des écoles d'art qui ont fleuri dans l'Inde et l'on déchiffre quantité d'inscriptions extrêmement importantes pour l'histoire et la géographie ancienne de la presqu'île ; on se rend compte des traits les plus essentiels des principales races et l'on recueille des collections considérables de leurs œuvres les plus caractéristiques[1]. Grâce à tous ces efforts, chacun des éléments violemment mélangés jadis se dégage et reprend sa place naturelle, et la « stratification » ethnologique se retrouve et se reconnaît.

Andaman. — Les Négritos forment, je l'ai déjà dit, la couche ethnique la plus ancienne, ainsi que le montre nettement leur répartition actuelle dans les lieux les plus insalubres ou les plus inaccessibles de la péninsule, où les ont refoulés les immigrations postérieures. C'est aux îles Andaman seulement, jadis unies à la terre ferme, mais séparées du continent assez tôt pour avoir été soustraites aux envahissements de la période préhistorique, que les Négritos se sont conservés relativement nombreux jusqu'aujourd'hui[2]. C'est donc par ce petit archipel que nous devons commencer notre rapide voyage à travers les collections ethnographiques de l'Exposition indienne.

On connaît si complètement les caractères physiques, intellectuels et moraux des Andamans qu'il est devenu bien difficile de produire quelque chose de neuf à leur sujet. M. George Watt, qui était chargé de la partie ethnologique de l'Exposition de l'empire Indien[3], s'est donc borné à faire exécuter quatre statues de gran-

---

1) Je mentionnerai en particulier les 14,00 0 pièces de l'*India museum* mises très libéralement à la disposition des visiteurs de l'exposition par l'administration de South-Kensington.

2) Il y en aurait 2,000 sur la Grande-Andaman et 1,000 à 1,500 sur la Petite. Le reste de la population de l'archipel, 11 à 12,000 individus, se compose de convicts amenés de toutes les contrées de l'Inde, et répartis en trente stations pénitentiaires.

3) On doit à M. George Watt d'abondants renseignements sur cette partie de l'exposition indo-coloniale, accumulés dans la deuxième partie du catalogue

deur naturelle, reproduisant avec plus ou moins de fidélité les particularités de la race, et les a entourées des choses les plus typiques de leur ethnographie. Ces statues, fabriquées comme toutes celles que nous allons passer successivement en revue, par les artistes indigènes de Krishnagar [1], sont bien médiocres au point de vue artistique ; modelées dans des poses à peu près uniformes, elles sont plantées en quinconces, sans aucun groupement, dans des espaces trop restreints. J'ajouterai que leur exactitude scientifique laisse également beaucoup à désirer ; l'anthropologiste instruit se sent mal à l'aise en présence de ces reproductions par à peu près de la nature indienne. Il est vrai que l'ethnographe trouve dans l'examen des accessoires de ces piteuses statues un ample dédommagement aux déceptions que leur vue a pu lui procurer.

Nos quatre personnages andamans ont sur le corps ou dans les mains à peu près toutes leurs richesses. Les femmes sont couvertes d'ornements tout primitifs ; colliers de coquilles à trois rangs, sautoir en écorce grossièrement barbouillée de rouge et de blanc, vertèbres enfilées, etc. Les hommes portent leurs armes, et notamment le fameux arc décrit pour la première fois jadis par Colebrooke. Tout cela est extrêmement connu de la plupart des lecteurs et je ne puis que les renvoyer aux belles photographies qui accompagnent le remarquable mémoire consacré aux Andamans par M. Man dans le douzième volume du *Journal de l'Institut anthropologique de Grande-Bretagne et d'Irlande*. J'appellerai seulement en passant l'attention des spécialistes sur quelques objets rares exposés dans une vitrine à

officiel de l'Empire des Indes sous ce titre : *A Guide to the Ethnological Models and Exhibits shown in the Imperial Court. (Empire of India. Special Catalogue of Exhibits by the Government of India and private Exhibitors*. London, W. Cloves, 1886, in-8, p. 159-189.)

1) Les fabriques de modèles en terre de Krishnagar sont depuis longtemps connues. Cette industrie, dont les produits se rencontrent aujourd'hui dans presque tous les musées d'ethnographie, ne fabriquait dans l'origine que des idoles, mais elle a peu à peu élargi son domaine par la représentation de scènes mythologiques, de types professionnels, etc. On fait aussi des modelages à Calcutta et ailleurs, mais ils sont bien inférieurs à ceux de Krishnagar, qui, *lorsqu'ils se maintiennent dans les petites dimensions* qui conviennent à ce genre de travail, sont souvent dignes d'intérêt.

côté des statues des insulaires andamans. Ce sont notamment deux haches en pierre, grossièrement fabriquées, mais complètement polies [1], puis des éclats d'obsidienne taillés, et enfin des couteaux fabriqués avec des coquilles du genre *pinna*.

Nicobar. — Il n'y a pas de Négritos dans les îles Nicobar, situées pourtant très près des Andaman, qu'elles prolongent dans la direction d'Atjeh. Le centre de la Grande-Nicobar nourrit bien un petit peuple profondément distinct de celui de la côte, mais ce peuple *Shom-Pén*, sur lequel on n'avait, avant la récente exploration de M. Man, que des renseignements très vagues, n'appartient point à la race négrito, comme on l'avait tout d'abord supposé.

Tandis que les Nicobariens de la côte sont donnés comme une population mixte formée d'éléments siamois, indonésiens et malais, les Shom-Pén sont considérés comme homogènes et apparentés, dit M. Man, aux races mongoliques [2]. J'en ferais volontiers, pour mon compte, des Indonésiens purs. Les photographies de M. Man représentent, en effet, des sujets fort semblables à ceux de l'intérieur des grandes îles de l'Archipel Indien.

Les statues de Nicobariens exposées par M. G. Watt nous montrent des individus du littoral, dont les coiffures sont particulièrement curieuses. L'un des deux sujets porte comme chapeau un cylindre ouvert par le haut, garni d'étoffe et surmonté de deux longues baguettes droites terminées par des ornements de papier ; l'autre a une calotte d'écorce toute frangée en arrière de faux cheveux façonnés de la même matière [3].

Cochin, Travancore, Madras. — On retrouve des Négritos, plus ou moins purs et plus ou moins semblables à ceux des îles Anda-

---

1) Aucune étiquette n'en éclaircit l'origine; seraient-ce les pièces trouvées par Roepstorf et Stoliczka dans le kjœkkenmœdding de Hope Town?
2) Man (E.-H.). *A brief account of the Nicobar Islanders, with special reference to the Inland tribe of great Nicobar.* (*The Journ. of the Anthrop. Instit.*, vol. XV, p. 428-450, pl., XVII-XIX 1885.)
3) Les Nicobariens de Nancowry sont depuis longtemps connus par leur prédilection pour les coiffures de haute forme.

man, dispersés en petits groupes au milieu des jungles de l'intérieur du Dekkan ; mais c'est plus particulièrement dans les États
de Travancore et de Cochin qu'ont été recueillies les preuves les
plus significatives de la survivance de ces habitants primitifs de
la presqu'île cisgangétique. J'ai commenté ailleurs [1] les observations recueillies par Leschenault de la Tour et Fryer dans
les monts Cattalam et Anamalah, qui bordent à l'est et au nord-
est Travancore et Cochin. Les Kaders (c'est le nom donné à
l'ensemble des pygmées dont Fryer nous a le premier fait connaître les caractères extérieurs), les Kaders s'intitulent *Seigneurs
des monts* et les traditions des populations de la plaine leur
reconnaissent une sorte de suprématie d'un caractère fort vague
sur les territoires qu'elles occupent. Les Kaders sont foncés de
teint et de petite taille, et leur chevelure est légèrement crépue.
Ce sont des Négritos, quelque peu altérés sans doute par des croi-
sements avec les Dravidiens qui les cernent de toutes parts et
finiront par les absorber tout à fait.

Les recherches de Newbold, de Logan, de Campbell, etc.
tendent à démontrer que les chaînes qui bordent de toutes parts
le plateau du Dekkan ont donné asile, dans leurs retraites encore
inaccessibles, à de petites agglomérations de montagnards,
toutes semblables à celles dont il vient d'être brièvement question. L'Exposition indienne de Londres nous apporte, à l'appui de
cette manière de voir, un certain nombre de faits nouveaux et d'un
intérêt extrême. Parmi les collections photographiques fort
nombreuses que l'on y peut étudier [2] figurent des épreuves
obtenues par un artiste anglais, M. Penn, d'Ootacamund, et qui
nous mettent en présence de plusieurs groupes de véritables
Négritos [3] dont on n'avait rien dit jusqu'à présent. C'est dans les

---

1) Cf. *Congrès international des sciences géographiques*. Session de Paris,
1875, t. I, p. 288-290.
2) Ces collections de photographies, dispersées dans tout l'ensemble de l'exposition indienne, accrochées partout où il y avait le moindre panneau vide,
n'ont été que partiellement inventoriées et je n'ai malheureusement pas pu m'en
procurer de catalogue détaillé.
3) Ces photographies m'ont été pour la première fois signalées par M. le
docteur P. Rey, qui m'en a procuré des exemplaires déposés en son nom dans
les collections de photographies du laboratoire d'anthropologie du Muséum.

jungles d'Aznaad, à l'ouest du massif des Nilgherries, que vivent ces petits sauvages, sous les noms de Naikers, de Punniers et de Sholajas.

Les Naikers sont représentés, dans la collection de M. Penn, par quatre personnages : un homme, deux femmes et une fillette.

Fig. 27. Naiker des jungles d'Aznaad (d'après une photographie de M. Penn).

L'homme, dont la figure ci-jointe reproduit les traits (fig 27), rappelle à s'y méprendre comme ses compagnes, les Négritos de Luçon des albums de MM. A.-B. Meyer et Montano. Il est petit, trapu ; il a les cheveux laineux et le teint foncé ; la tête est forte pour le corps, la face est sublozangique et le prognathisme sous-nasal assez bien accentué. Le nez est un peu court pour sa largeur et les lèvres, épaisses et charnues, surplombent un menton fuyant. Le tronc est mince et élégant de forme dans ses petites proportions ; les membres supérieurs sont longs et maigres, mais la musculature en est bien apparente; les avant-bras, relativement développés, sont terminés par des mains qui manquent de finesse. Les femmes diffèrent surtout de l'homme par la longueur des cheveux tombant sur les épaules et plutôt frisés que laineux, l'expression de la physionomie, plus étonnée que farouche, la finesse des attaches et l'adoucissement des contours. Les jambes sont maigres, longues et sans mollets, le pied est creux et le gros orteil en est bien détaché. L'homme a une petite pièce d'étoffe nouée à la ceinture, les femmes dissimulent leurs formes à l'aide d'une robe serrée à la taille et dont le bord supérieur passe sous l'un des bras pour aller se nouer sur l'épaule du côté opposé.

Les Punniers offrent à peu près les mêmes traits, mais moins accentués et leurs cheveux sont à la fois moins frisés et plus longs. Une vieille femme, qui fait partie du groupe, a dans la narine gauche l'anneau des gens de la plaine, et son bras, qui tient une espèce de pic à pointe de fer destiné à extraire du sol les tubercules comestibles, est orné de bracelets de laiton.

Les Sholajas sont plus voisins encore que les Punniers des individus des dernières castes du monde dravidien. Sur trois hommes photographiés par M. Penn, un seul est véritablement laineux et offre les traits, un peu modifiés seulement, des Négritos ; un second, encore très frisé, s'éloigne beaucoup par son visage du type de la race ; un troisième a les cheveux droits et la figure mongoloïde. Une jeune mère de famille est légèrement frisée et quelque peu négritoïde (on me pardonnera ce néologisme), mais de ses trois enfants, un seul reproduit la physionomie maternelle ; les deux autres ont les cheveux lisses et ressemblent à de petits Indous de basses castes.

L'exposition de Madras nous montre en outre un certain nombre de photographies, d'aquarelles et plusieurs statues de Krishnagar, qui nous mettent en présence d'autres montagnards de la présidence de Madras, célèbres auprès des ethnographes, malgré leur petit nombre, par leur apparence extérieure bien spéciale, leurs idées religieuses fort particulières et leurs mœurs très primitives. Je veux parler des Todas, dont les descriptions de M. Marshall et les photographies de M. Janssen, si bien interprétées par M. de Quatrefages, sont connues de tous nos lecteurs. Il n'y a pas lieu de s'arrêter plus longuement devant ces représentations que devant celles des Irulas et des

autres indigènes des Nilgherries. Toutes ces figures sont vraiment trop imparfaites. Mais je transcrirai en passant la statistique détaillée des tribus de montagnes que nous fournit l'administration de Madras [1].

Lors du dénombrement de 1881, il y avait encore dans les
massifs montagneux de la présidence 362,894 individus recensés
à part comme *aborigènes* et formant neuf groupes. Les quatre
premiers de ces groupes, resserrés dans les Nilgherries, sont les
Todas (689 individus seulement), les Badagas, 24,398 ; les
Irulas, 37,055, et les Kurumbas. 7,875. Les autres, beaucoup
plus largement dispersés et bien plus importants, sont appelés
Erakalas (48,883) ; Enadis (69,099) ; Koravas (55,645) ; Vedans
(51,854) ; enfin Malayalis (67,396).

Il aurait fallu inscrire à la suite de ces neuf noms de peuples
bien d'autres noms encore, ainsi que M. Watt le fait judicieuse-
ment observer [2]. En effet, non seulement on ne trouve pas de
trace dans le *census* britannique des petites tribus de négritos dont
je viens de parler, mais ce document n'énumère aucune des populations demi-sauvages étudiées par M. Shortt dans la présidence
de Madras et qui ont été probablement confondues dans les castes
inférieures de la population dravidienne [3]. Cette dernière forme
plus de 92 0/0 du nombre total des habitants de Madras.

Ce chiffre total s'élevant à 31,170,631 d'individus, 28,853,267
sont donnés comme parlant tamil, telougou, malayalam, kana-
rese ou karnataka et toulou ou toulouvou. Le reste des indigènes
est considéré comme aryen ou comme aryanisé et parle ouriya
(1,128,495), indoustani (696,105) et mahratte (230,006) [4].

1) J'ai transcrit avec beaucoup de soin tous les chiffres détaillés que j'ai pu
me procurer sur la population de l'Inde. Ces données statistiques ont en
effet été publiées depuis l'apparition du volume sur l'Inde de la *Géographie universelle* de Reclus, et on ne les rencontre dans aucun des ouvrages que je viens
de consulter.

2) G. Watt, *loc. cit.*, p. 181.

3) Les Dravidiens de Madras ont pris aux Aryens leur système des castes,
qu'ils ont incroyablement développé. On compte chez eux jusqu'à 19,044 noms
de castes différentes, que l'on peut, il est vrai, faire rentrer dans 257 subdivisions groupées elles-mêmes en 15 grandes classes.

4) Nous n'avons pour Travancore, Cochin, Mysore, Coorg, Hyderabad que
des chiffres bruts : Travancore a 2,401,158 hab.; Cochin, 600,278 ; Mysore,
4,186,188; Coorg, 178,302; Hyderabad, 9,845,594.

Cette population mélangée des basses terres de la présidence de Madras et des États de Travancore et de Cochin, est très laborieuse et ceux de ses produits, exposés dans la galerie des arts industriels (*Art ware Courts*) sont nombreux, variés et intéressants. On y remarque la collection de peintures à l'huile du maharajah de Viazinagram, dont plusieurs représentent de curieuses scènes de la mythologie indoue, un modèle réduit en marbre du Darmaraja's Rath des Sept Pagodes, les instruments de musique qui composent un orchestre complet du Dekkan, des collections de bijoux anciens du sud de l'Inde, et en particulier de Vizagapatam et de Cochin, de Madras et du Godaveri, rassemblés par le maharajah de Cochin et MM. Leman et Turner ; anneaux d'oreilles et de nez, de poignets et de bras, bagues de mains et de pieds, ornements pour la chevelure, emblèmes de mariage, etc., etc. ; des instruments de bronze d'un beau travail, lampes, cloches, vases de sacrifices ; des armes de luxe, présentées principalement par le maharajah de Viazinagram, un *lingam* et un *yoni* en cristal de roche, des poteries glacées et non glacées, enfin des *palampores*, ou cotons imprimés avec les blocs en bois gravé qui portent les dessins à reproduire.

Les vitrines qui renferment les plus précieux de ces objets, les panoplies qui groupent artistiquement les autres, sont encadrées, comme toutes les choses similaires des diverses contrées de l'Inde, d'un portique en charpente (*Screen*) sculpté dans le style d'architecture particulier à la province. Cette disposition, empruntée à l'exposition de Calcutta (1883), où on l'avait tout d'abord appliquée, a ce premier avantage de donner dans les galeries une place proportionnelle à son importance à l'une des industries artistiques les plus remarquables de l'Inde. Elle permet, en outre, de grouper sous les yeux des visiteurs des reproductions des différents styles usités dans la décoration ancienne et moderne des édifices publics et privés, décoration qui accumule plus particulièrement ses ornements, comme l'on sait, sur les linteaux des portes et les balustrades des verandas.

Ces modèles, généralement bien choisis, prêtaient à des comparaisons intéressantes pour l'homme de science comme pour l'artiste et j'ai pu, pour ma part, y trouver, à diverses reprises, des preuves manifestes d'influences ethniques importantes à constater.

Le portique de Madras, Travancore et Cochin est sculpté dans le style de l'architecture dravidienne du sud, de la période de Vijaynagar (xvᵉ-xviᵉ siècle), dont on a toutefois éliminé, autant que possible, les excentricités grotesques. Un des caractères les plus spéciaux de cette architecture se tire de l'usage d'un système compliqué de consoles superposées remplaçant l'arche des constructions indo-sarrasines. Ces consoles sont richement sculptées et la poutre qu'elles supportent est divisée en panneaux, couverts d'oiseaux et de feuillages, de griffons et d'autres monstres de la mythologie indoue.

Ce travail a été exécuté, pour le gros œuvre, par vingt sculpteurs de Madras et fini par un artiste de Ramnad (Madura) du nom de Minakshi Asari.

Mysore, Coorg, Hyderabad. — La population de ces États est si semblable à celle de la présidence de Madras qu'il n'a pas paru nécessaire aux organisateurs de l'exposition indienne de consacrer rien de spécial à son ethnographie. On trouve toutefois dans la galerie des arts décoratifs de l'Inde, des expositions particulières où Mysore brille par ses bijoux, ses tissus et ses marqueteries ; Coorg, par ses armes blanches aux lames larges et massives ; le Nizam d'Hyderabad, par ses laques, ses broderies et ses ouvrages en métal. C'est dans le Nizam que se trouve la petite ville de Bidar qui fabrique, depuis une époque très reculée, le métal qui porte son nom (*bidri*), mélange de cuivre, d'étain et de plomb, auquel on donne les formes les plus diverses et qu'on incruste avec art de gracieux ornements d'argent[1]. La ville d'Hyderabad est célèbre par ses épées et ses dagues en acier de Hanamkunda ; Baingaupali, par ses laques appliquées en bosse (*munabathi*) ou à plat (*lajawardi*)[2] ; Zelgan-

1) Cf. *Revue d'Ethnographie*, t. II, p. 262-268, fig. 100-104.
2) Les *bidris*, si recherchés quand ils sont anciens, continuent à se fabriquer à Bidar et coûtent encore cher, quoiqu'ils n'aient plus aujourd'hui la solidité et

dal et **Kamam** confectionnent des statuettes représentant les diverses classes de la société du Nizam, ou des animaux grotesques; Raichor a ses mousselines et Aurangabad ses éblouissantes broderies d'or dont l'exposition nous montre des spécimens d'une extravagante richesse.

L'exposition de Mysore et de Coorg est séparée de celle de Madras par des arcades en bois, copiées par des artistes indigènes sur celles du Daria Daulat Bagh (palais du jardin) construit à Seringapatam par le fameux sultan Tippoo. Toutes les surfaces planes de cette enceinte ont été utilisées pour exposer des photographies de la contrée et des peintures qui représentent des scènes de la mythologie locale.

L'exposition de Hyderabad, placée en face de celle de Mysore, est entourée d'arcades ornées, à la façon du pays, dont cette décoration résume les principales manifestations artistiques : panneaux en cuivre repoussé, en bois laqué, en imitation de bidri, tentures en tapisseries et en satin, etc. Le centre du *screen* est un *tazzia*, semblable à ceux que l'on construit pendant les fêtes du Mohorram pour représenter le mausolée de Hussein ; dans de petites arcades, de chaque côté du tombeau, on voit deux *buraks*, images du coursier céleste que monte le Prophète pour visiter le paradis. Les dessins des corniches ont été copiés sur les façades des vieilles mosquées d'Hyderabad.

Bombay, Baroda, Bhavnagar, Junagad, Cutch. — L'enceinte commune des expositions d'art industriel de la présidence de Bombay et des États indigènes de Baroda, de Bhavnagar, de Junagad et de Cutch, est admirablement sculptée en bois de tek et destinée à donner une idée aussi exacte que possible de l'art local et de ses diverses variétés. Les modèles en sont empruntés

la beauté de travail qu'ils possédaient autrefois. Les commandes sont surtout très importantes de la part des riches mahométans, chez lesquels un trousseau de mariée n'est pas considéré comme complet s'il ne renferme tout un assortiment d'objets usuels fabriqués en métal. Le prix élevé que les artisans demandent oblige même souvent le père de famille à commencer ses collections longtemps avant que sa fille soit nubile. Une partie des pièces du trousseau doit aussi être composée d'objets laqués de Baingoupali.

aux mosquées d'Ahmedabad, aux maisons de Surate, aux palais du Takur Saheb de Bhavnagar et du Nawab de Junagad, etc.

Ce sont les ouvrages en argent et en or qui attirent avant tout l'attention dans les vitrines qu'entourent ces riches arcades : bijoux anciens de S. H. le Thakur Saheb de Bhavnagar, noix de coco couverte d'une plaque d'or enrichie de pierres précieuses et que tient dans la main celui des membres de cette famille princière qui préside une pompe religieuse ; siège en or du dieu Siva ; ornements de tête du même métal de Junagar ; modèle en argent massif de l'éléphant, superbement enharnaché, qui porte, dans les fêtes officielles, le Gackwar (Guicovar) de Baroda, etc., etc. Puis ce sont des bijoux inférieurs fabriqués pour l'exportation, des armes et des armures modernes de Cutch, plus ou moins richement décorées, destinées aux panoplies de nos curieux d'Occident. Un peu plus loin on remarque le chariot à bœufs de Cambaye, usité dans les grandes circonstances par les dames de la cour de Bhavnagar, un modèle en pierre à petite échelle d'un vieux temple de Baroda, la réduction en ébène et ivoire du tombeau construit à Junagad pour le dernier souverain par deux artistes indigènes, Dalpat Nathu et Atmaram Nathu. Enfin, posé au centre de la galerie, un gracieux pigeonnier sur pilier, en bois sculpté dans le style indo-sarrasin pour S. H. le Guicovar.

Les habitants de Baroda, du Guzerate, etc., ont l'habitude d'élever ces sortes de constructions ; c'est, à leurs yeux, un acte méritoire de donner ainsi l'hospitalité aux oiseaux, et l'on voit le matin hommes et femmes aller jeter du grain devant les piliers comme s'ils accomplissaient une cérémonie religieuse.

Ces indigènes de la présidence de Bombay et des territoires qui s'y rattachent[1], sont bien plus mélangés encore que ceux de Madras, et l'élément aryen joue dans cette population un rôle notablement plus important. Dix millions de Mahrattes environ se sont, en effet, établis à une époque ancienne, dans la région nord-occidentale du Dekkan et occupent encore aujourd'hui tout

---

[1] Bombay compte sans les États feudataires 16,454,414 et avec ses annexes 23,395,663 hab.; Baroda en a 2,185,005.

le plateau à l'est de Bombay et de Goa. Une collection de bijoux de Pouna, des idoles, des vases, des guéridons, des lampes, des sonnettes, etc, en bronze et en cuivre, fabriquées dans la même ville ou à Nasik ; quelques vêtements de soie et de coton de Yeola, des chaussures brodées, sont à peu près tout ce que l'exposition nous montre de l'ethnographie de ces Marhattes.

On y trouve également fort peu de renseignements sur les Parsis de Bombay ou sur les Djaïnas de Goudzerat, que quelques photographies rappellent seules à notre souvenir.

M. Watt s'est, avec raison, préoccupé davantage de grouper sous les yeux des visiteurs les documents beaucoup plus intéressants que MM. A.-B. Gupte, J. Griffiths et W.-F. Sinclair avaient rassemblés sur les peuples, si mal étudiés jusqu'à présent, des montagnes de la Présidence, et notamment sur les Katkaris, les Warlis, les Son Kolis et les Thakours.

Les Katkaris, aussi nommés Kathodis, habitent, dit M. Gupte, les districts de Thana et de Kolaba et les abords de Pouna, de Nasik et du Bhor-Ghât. Ils sont sauvages, mais pacifiques, et vivent des produits de leurs chasses dans les forêts. Leur arme principale est l'arc, toujours garni de deux cordes de bambou ; la flèche, à pointe de basalte ou de fer, est plate et latéralement amincie. Leur seul outil est la *koita*, sorte de crochet à bec, attaché sur la hanche droite, le dos en avant, par une ceinture curieusement plissée et bordée ; leur seule industrie est la préparation du *cutch*, à l'aide du bois de *khair* bouilli. Ils sont pauvres, et leurs ornements sont composés, sans art, de laiton et de fibres végétales.

Les Warlis ou Varlis, qui habitaient autrefois le Varalat, l'un des sept Konkans, sont aujourd'hui voisins des Katkaris dans le district forestier de Thana. Loin de vivre largement dispersés comme ceux-ci, en petites colonies de chasseurs, ils se sont confinés dans des territoires de culture bien circonscrits. Leur nombre, en 1882, était de 70,015. Beaucoup plus sociables que les Katkaris, ils descendent dans la plaine travailler aux champs, mais pour retourner, aussitôt le labour ou la moisson terminés, dans leurs chères montagnes. Ils vivent principalement de riz et d'autres céréales, mais ils savent aussi se contenter, dans les temps de disette, des parties tendres des bambous. Ils mangent toute espèce de viandes, sauf celles du bœuf, du zébu et du *nilgaï* ou antilope à pattes noires, et on peut les voir attendre patiemment à l'affût pendant des journées entières le cerf ou l'antilope à courtes cornes, le paon et les autres gibiers à plumes de la jungle qu'ils tirent avec de vieux fusils. L'homme va la tête nue, et se couvre rarement d'autre chose que d'une étroite ceinture ; la femme se drape dans une pièce d'étoffe dont un des pans est ramené sur les épaules et sur les seins.

Les Warlis adorent l'esprit du tigre ou *Vaghia*, qui leur parle par l'entremise d'un des leurs temporairement possédé ; mais le bouddhisme a pénétré chez eux et il n'est pas rare d'en voir les idoles dans leurs maisons communes. Les corps de ceux qui succombent à des maladies de peau, comme la lèpre par exemple, sont enterrés, tous les autres corps sont brûlés.

Les Thakours du Sahyàdris et du Konkan du Nord sont intermédiaires aux Katkaris et aux Warlis par leur ethnographie. Ce sont des gens de mœurs douces et simples, qui vivent en grande partie d'un petit millet qu'ils cultivent à l'aide d'une charrue toute primitive.

Ils vivent dans des huttes de boue plaquée sur clayonnages et couvertes de feuilles de palmiers, et leur équipement se compose d'une couverture brune et d'une petite culotte en coton, d'une pochette en cuir à ceinture de corde et de la *koita* du Katkari, logée dans l'*akhadi* ou fourreau de corne ou de bois.

Quant aux Son-Kolis, ce sont les *aborigènes* des rivages ; ils ont leurs quartiers principaux dans le Konkan et leur chef ou *Sar-Patel* vit à Alibag dans le district de Kolaba. L'autorité de ce chef, qui repose sur une convention de caste, va, dit-on, jusqu'à lui donner le droit de vie et de mort sur tous les Son-Kolis et s'exerce à la fois sur les territoires directement soumis aux Anglais et sur les territoires indigènes. Les sujets du Sar-Patel vivent principalement de la mer ; c'étaient autrefois des pirates, ils sont aujourd'hui pilotes, pêcheurs, etc. Leur vêtement de travail consiste en une coiffure rouge, dont la forme varie de village en village, un mouchoir de même couleur fixé autour des reins par une ceinture de corde et un couteau de fer sans manche attaché au cou. Les femmes se différencient de celles des autres castes, par l'absence du *cholé* ou petite veste et la privation d'ornements quelconques au bras droit. Elles offrent ces ornements à la mer le jour de leur noce en faveur de leurs maris et ne les remplacent jamais. Les principaux temples des Son-Kolis sont ceux de Khandoba, de Bahiri et de Bhanani, et leurs pèlerinages les conduisent surtout à Karli, Jejuri et Nasik.

Rajputana, Central India and the Central Provinces. — Les territoires de l'Indoustan central, subdivisés actuellement en États radjpoutes (*Radjputana States* [1]), États de l'Inde centrale (*Central India States* [2]) et provinces centrales de l'Inde britanniques (*Central Provinces* [3]), offrent les aspects les plus divers. Du côté de l'ouest, le pays n'est qu'un vaste désert, le Bikanir, que parcourent seulement des caravanes plus ou moins importantes; du côté de l'est se massent d'immenses forêts encore en partie inexplorées ; le centre enfin est hérissé de petites montagnes, d'où sortent d'innombrables ruisseaux, c'est le terrain de chasse des Bhils, dont la barbarie n'a pas été influencée encore par la civilisation, qui monte de toutes parts à l'assaut de leurs retraites.

Les premières tentatives de pénétration dans les montagnes des Bhils ont été faites, il y a longtemps déjà, par les princes de l'Inde du Nord. Chassés de leurs domaines par les révolutions politiques qui ont si souvent agité cette contrée, ils ont construit des places fortes dans le centre du pays, et s'y sont peu à peu découpé de petites principautés, dont quelques-unes ont pu atteindre un certain degré de grandeur, comme Ujain dans les

---

1) Les États Radjpoutes sont Jeypore, 2,534,357 hab.; Karauli, 148,670 ; Bhartpour, 645,540 ; Dholpour, 249,567 ; Kotah, 517,275 ; Iodhpour, 1,750,403; Ulwar, 682,926 ; Bikanir, 509,021 ; etc, la population totale est de 10,268,392 hab.

2) Les principaux États de l'Inde centrale sont : Bhopal, 954,901 hab. ; Gwalior, 2,993,652 ; Indore, 1,048,842, et Rewah, 1,305,124 ; la population totale est de 9,261,907 hab.

3) La population des *Central Provinces* atteint le chiffre de 11,548,511 habitants, dont 9,838,791 en territoire britanique.

temps anciens, Gwalior, Bhopal, Sindia, etc., dans la période
moderne. Grâce aux difficultés naturelles du pays et à la bra-
voure de ses habitants, ces petits États ont conservé leur indé-
pendance, pendant que le reste de l'Inde succombait sous les
coups des musulmans. Et aujourd'hui encore, les Indous réfugiés
dans l'Inde centrale ont conservé maintes coutumes originales,
maintes traditions antiques, qui partout ailleurs ont été bruta-
lement supprimées, tandis que la population ancienne a gardé en
grande partie son originalité.

Ces Indous, de race blanche, sont principalement des Radjpoutes, dont le *Rajputana* porte le nom. Les Radjpoutes sont
aujourd'hui les représentants les mieux caractérisés de la seconde
des castes créées par Manou, celle des *Kshatrya* ou *guerriers*. On
les appelle quelquefois la *race royale de l'Inde*, parce que toutes
les grandes familles actuelles, qui comptent dans leur lignée de
puissants souverains, sont de sang radjpoute. Ils continuent
d'ailleurs à considérer le métier des armes comme l'apanage de
leur caste et il est rare de trouver une famille radjpoute qui
n'ait point un de ses membres dans les troupes anglo-indiennes.

A quelque tribu, à quelque clan qu'ils appartiennent[1], les Radjpoutes sont de beaux hommes, grands, bien faits, fortement
musclés, et appartiennent, en somme, à l'un des types les plus
élevés des races indo-européennes. Les documents qui les concernent à l'Exposition indienne nous les montrent franchement
dolichocéphales, avec une face d'un ovale régulier, le nez droit,
un peu aplati du bout, les narines dilatées, les yeux horizontaux
largement fendus, bruns et parfois grisâtres, les cheveux noirs
et ondulés. Dans la portion du territoire ou le *Desarming Act*
n'est pas en vigueur, ils portent le bouclier, le fusil à mèche et
le sabre, auquel ils ajoutent souvent encore une dague.

---

1) Les Radjpoutes se divisaient originairement en deux branches égales : les
Surujbansi ou fils du soleil et les *Chandrabansi*, ou fils de la lune, auxquels
s'ajoutèrent plus tard les quatre tribus des fils d'Agni ou du feu, Pramara,
Parihara, Chalukiya et Chauhan. On compta alors 36 tribus *satcha* ou royales,
et plus de 100 *gotras* ou clans. Les tribus et les clans avec leurs subdivisions
(*cumpa*), dépassent aujourd'hui, d'après le lieutenant-colonel Harris, le nombre
de 600.

Les Minás, vaincus par les Radjpoutes, ont cependant réussi à conserver le second rang dans la société constituée par leurs envahisseurs. Ils prétendent même aujourd'hui être des *demi-sangs Radjpoutes*, et certaines photographies de l'exposition indienne confirment dans une certaine mesure cette prétention.

En Djaipour, ils sont les gardes héréditaires des biens de la couronne et ont le privilège de couronner le prince, quand il prend possession de la royauté. Ils sont aussi relativement influents dans l'Alwar, le Bhartpour et le Dholpour (ils entrent pour 20,000 dans la population de ces deux derniers pays). Les Minás de la montagne sont encore aujourd'hui de *sauvages et hardis maraudeurs*, suivant l'expression d'un voyageur anglais, mais ceux de la plaine sont devenus depuis longtemps déjà des agriculteurs laborieux.

Les Méos sont des Minás convertis à la religion musulmane, on les trouve surtout nombreux dans les États de Bhartpour et d'Alwar.

Les Bhils occupent les monts Aruali ou Aravali, le Meywar et le Sirohi, que l'on désigne administrativement sous le nom de *Bhil Tracts*. Au point de vue linguistique, ils sont *kolariens*, tandis que les Ghônds, leurs voisins, sont *dravidiens*; au point de vue ethnique, ils sont extrèmement mélangés, leurs traits et leur couleur surtout varient énormément. L'exposition nous montre plusieurs statues de ces Bhils : la plus intéressante est celle d'un guerrier portant le bouclier rond de cuir à quatre cabochons de métal, un arc à corde de bambou et un carquois large et plat, orné de clochettes et de grelots. Une autre statue représente une femme bhil, armée de la fronde avec laquelle elle va lancer une pierre (c'est un exercice que les femmes bhils pratiquent avec beaucoup d'adresse); elle a orné ses oreilles de curieux appendices formés de larges plaques de métal découpé.

Les Ghônds sont dravidiens de langue, ainsi que je l'ai déjà rappelé, et leur empire, le Ghondwana, qui forme aujourd'hui la plus grande partie des territoires des Provinces centrales, était puissant au moment de l'invasion des Mahrattes.

Refoulés pas à pas jusqu'aux sommets rocheux et aux hautes

vallées, où la charrue ne peut plus être utilisée, ils ont dû revenir aux procédés de culture les plus primitifs, tandis que leurs frères de la plaine, absorbés dans le système social des vainqueurs, tombaient aux derniers rangs des castes les plus méprisées.

Les Ghônds ont conservé, dans leur décadence, quantité de choses anciennes fort curieuses, sur lesquelles on a trop fréquemment insisté, pour qu'il soit utile d'y revenir, et au sujet desquelles il n'existe d'ailleurs rien d'inédit dans les collections que j'examine rapidement ici.

Les caractères extérieurs des Ghônds nous sont ainsi donnés par M. T.-N. Mukharji. « Leur taille est un peu inférieure, dit cet ethnographe, à celle des Européens, et leur teint est plus foncé que celui de la généralité des Indous : leur corps est bien proportionné, mais leurs traits sont plutôt laids. La tête est ronde, le nez large, la bouche grande ; les lèvres sont épaisses, les cheveux sont noirs et droits, la barbe est rare. Bref, traits et pelage sont décidément mongoliques. » C'est chez ces Ghônds, qu'on ne l'oublie pas, que l'on a signalé plus spécialement l'existence de sujets offrant des analogies plus ou moins grandes avec les indigènes du continent australien, analogies qui expliquent beaucoup mieux que les affinités purement mongoles invoquées par M. Mukharji, une partie des traits de la description que nous lui avons empruntée.

Ghônds et Bhils des montagnes ont aujourd'hui une ethnographie fort simple, et leurs industries ne sont figurées à l'Exposition que par les accessoires des statues qui les représentent. Mais leurs frères des villes ont leur part dans les nombreuses collections accumulées dans les *courts* réservées à l'Inde centrale.

Ces *courts* sont au nombre de trois. Celle des *Central Provinces*, encadrée de charpentes sculptées à Nagpour, contient principalement des cuivres de Bhandara, des cotonnades teintes et imprimées de Chanda et de Gahra, des soies de Sambalpour, des broderies de Bourhanpour et quelques bijoux d'or grossiers. Toutes ces choses sont d'ordre inférieur, l'art du sculpteur en bois atteint seul, dans ces provinces isolées, un certain degré de perfection.

La *court* des *Central India States*, dont l'enceinte reproduit des motifs d'ornementation copiés à Khajurahu, dans le Bundelkand, à Sanchi, à Gwalior, montre de fines étoffes de Sarangpour, renommées dans l'Inde entière pour leur supériorité, des mousselines de Chanderi, brodées de soie ou d'or, de la plus grande finesse, de belles armes blanches anciennes et modernes de Charkhari et de Datia, des bijoux émaillés d'Indore et de Rutlam, etc., etc., enfin une trentaine de statuettes en terre de Gwalior : divinités avec leurs emblèmes, personnages et costumes des diverses classes de la société indigène.

La *court* des *Radjputana States* est subdivisée en huit *subcourts*. La première, celle de Bikanir et de Tonk a ses charpentes de bois ornées au patron à l'aide d'un procédé fort simple, spécial à ces contrées, d'un décor rouge, noir et or. On y voit exposés des cuivres ciselés, des poteries et des bois chargés d'enduits au patron, des cuirs ornementés de même, etc. La seconde *subcourt*, celle d'Ajmère, qu'isolent des arcades construites suivant les formes employées dans l'architecture urbaine de la capitale de cet État, renferme principalement des spécimens d'étoffes teintes pour costumes, *pagris*, *takris*, etc., de bijoux d'une ornementation spéciale aux Radjpoutes, d'ivoires tournés, blancs ou laqués, etc. On remarque dans le *sub-court* de Kotah les articles en bois et en corne d'Etawah, incrustés d'ivoire et de nacre, et ceux d'Indragarth tout ornés d'enduits colorés ; dans celles de Karauli, de Bhartpour et de Dholpour, des grès ciselés et de petits ouvrages en bois délicatement fouillés ; dans celles de Johdpour et d'Ulwar, des armes blanches et des reliures en cuir célèbres dans le Radjpoutana tout entier ; enfin dans celle de Jeypore des émaux champlevés et des réductions de modèles en bronze d'un fort beau travail. Les deux *screens* de Kotah et de Jodhpour sont l'un en bois brun de *shisham* incrusté d'ivoire et l'autre en bois de tek ; celui de Karauli est en grès rouge des environs de cette ville, celui d'Ulwar est décoré de marbres blancs et noirs, enfin celui de Jeypour est formé de panneaux assemblés, découpés dans le style sarrazin modifié (*modified Saracenic*) qui est en grande vogue dans toute l'Inde supérieure et dans le Radjpou-

tana en particulier. L'exposition de Jeypour, qui est de beaucoup
la plus importante de celles des États radjpoutes[1], est complétée
par un *nakar-kana* ou *drum-house*, maison des timbales, qui sert
d'entrée à la galerie des arts industriels de l'Inde et mérite d'at-
tirer quelques instants l'attention.

Les grandes portes des temples et des palais de l'Inde sont
ordinairement surmontées d'une loge dans laquelle des musiciens
exécutent leurs concerts de timbales et d'autres instruments à
certains intervalles, en l'honneur des dieux ou des princes. C'est
ce que l'on nomme la *nakar-khana*, du mot arabe *nakara*, qui
veut dire timbale. Le maharadjah de Jeypour a fait ériger à l'entrée de son exposition une de ces portes surmontée d'une loge
toute tendue de *mushu* et garnie de son orchestre complet. Les
deux frontons de la porte (*Jeypore Gateway*) sont ornées des
images symboliques du soleil, ancêtre des maîtres du Jeypour, et
de la lune dont descendent les chefs de Karauli, etc. Au-dessous de la figure solaire se lit la devise royale : « *Yato dharm
stato jaya* » *Ubi virtus, ibi victoria*. L'on voit suspendus, non
loin de là, le *panch rang*, bannière à cinq couleurs du maharadjah et le *mahi maharatib*, symbole de la plus haute noblesse,
composé d'une tête de poisson en or et de deux boules dorées,
montées sur des hampes distinctes. Ces illustres insignes ont été
envoyés de Delhi sous le règne de l'empereur mongol Feroksha
et si grand fut l'honneur ainsi fait au souverain de Jeypour que
les musiciens jouèrent trois jours et trois nuits sans discontinuer
dans son nakar-khana, pendant que toute la ville se livrait à des
réjouissances officielles.

North-West Provinces and Oudh. — Un autre monument, beaucoup plus important, attire les regards du visiteur instruit, lorsqu'il pénètre dans la section des « provinces du nord-ouest. » C'est
un double pilier de marbre magnifique découvert récemment dans
la citadelle d'Agra, en creusant les fondations d'un corps de

1) Elle a son catalogue spécial intitulé *Handbook of the Jeypore Courts*, by
T.-H. Hendley, Calcutta, 1886, in-8.

garde. Les sculptures en sont toutes semblables à celles du Tadj-Mahal, cet admirable monument élevé par Chah-Djahan à Ardja-man-Banou, sa femme ; ce sont des spécimens parfaits de l'art persan, tel qu'il s'était développé à la cour des empereurs mongols. On suppose que ce précieux morceau faisait partie d'une construction de cette époque, le *Diwan-i-Khas*, et ont été enfouis au moment de la prise d'Agra par Souraj-Mull, rajah de Bhartpour. Il est offert par le gouvernement des provinces du nord-ouest aux collections nationales de South-Kensington [1].

Les industries principales des artisans d'Agra sont encore aujourd'hui celles qui leur furent enseignées lors de la construction du Tadj-Mahal : l'incrustation des marbres, la taille des mosaïques, le sertissage des pierres précieuses, lapis lazuli, turquoise, etc [2]. Agra a aussi ses ciseleurs en métaux, ses sculpteurs en stéatite, ses imprimeurs sur étoffes, ses tisseurs de *durri*, etc., dont plusieurs sont venus à Londres exercer sous les yeux du public leurs intéressantes industries.

Mirzapour a ses tailleurs de pierre, qui ont envoyé un bon modèle réduit de temple hindou. Nagina a ses graveurs en bois qui exposent tout un assortiment d'objets usuels en ébène quelquefois incrustés de cuivre ou de nacre. Bandah sculpte l'argent, le jaspe, la cornaline, et Khurja couvre de décors éclatants ses poteries glacées. Bénarès tisse les brocarts d'or, Lucknow enfin fabrique des cithares, polit les cuivres à facettes que les Anglais nomment *diamond-cut silver ornaments*, modèle et fond la vaisselle d'or et d'argent, damasquine les armes blanches, enfin répand dans le commerce d'exportation des figurines en terre peinte parfois très expressives, et qui reproduisent les castes et les professions du pays. On peut voir dans l'exposition de Luck-

---

1) Ces piliers forment le centre de la décoration du *screen* des provinces nord-ouest et de l'Oudh. Cette décoration est complétée par des spécimens de sculptures en pierre des maçons de Muttara, et des sculptures en bois qu'on trouve dans les vieilles maisons de Lucknow. A l'extrémité est de cette *sub-court* est un remarquable portique en bois dont les panneaux sont décorés d'appliques en bronze.

2) « L'ouvrier bordelais Austin est le grand artiste, inconnu dans sa patrie, qui forma l'école des mosaïstes d'Agra ; les indigènes lui avaient donné le surnom de Nadir el Asour « prodige du siècle ». (E. Reclus, *Nouvelle géographie universelle*, t. VIII, p. 348. 1883.)

now des portraits en terre de trois des modeleurs exposants et dans la section économique le plan en relief de tout un village de l'Oudh. Le *Zamindar*, ou fermier général, est assis sous sa verandah et tout en rendant la justice à quelques-uns de ses administrés groupés autour de lui, écoute le *putwari* ou comptable qui le met au courant des rentrées de l'impôt. Le village s'étend tout autour de cette scène : on y voit un brahmane décorant cérémonieusement l'idole locale ; des artisans se livrent dans leurs échoppes à diverses occupations. Une paire de bouvillons fait laborieusement tourner une grossière presse à sucre. Plus loin on ferre un bœuf ; une vieille femme mène un troupeau de porcs, pendant que des chiens disputent aux corbeaux et aux vautours la carcasse d'une bête morte. Puis ce sont les divers procédés d'irrigation en usage chez les paysans du nord-ouest et les opérations du labourage et de la culture des yams et du tabac [1].

Les autres documents iconographiques relatifs aux provinces du nord-ouest concernent presque exclusivement les races plus ou moins sauvages dont elles ont conservé des représentants, et notamment celles des Mahras, des Bogshâs, des Tharùs, des Bhûtis, des Kanjars et des Bandelas. Les Bandelas ou Boundelas qui ont donné leur nom au Bandelkhand (Boundelkhand) sont des Radjpoutes profondément altérés au contact des indigènes qui habitaient ce pays sous les noms de Ponwars et de Dhandelas, lorsqu'ils ont été contraints à y chercher refuge au moment de la conquête de l'Oudh par les mahométans.

Les Bhûtis sont des métis de Radjpoutes Khasias et de Hunias

---

1) Je signale ici, pour n'y plus revenir, les autres modèles exposés dans la section économique : une maison de cultivateur aisé du Bengale, de race hindoue, une maison de cultivateur musulman de la même présidence ; deux musulmans labourant et semant, d'autres paysans roulant et nivelant, d'autres encore maniant la houe et le sarcloir ; des modèles de voitures à fumier du Bengale, d'auge à irrigation, de paniers pour le même usage ; puis des scènes rustiques encore, la récolte à la faucille, le battage à la main, le vannage, le pressage du ricin et de la canne à sucre. Je mentionnerai, en outre, une grande collection de charrues, de rouleaux et de toutes sortes d'instruments d'agriculture, souvent très primitifs et par là même fort intéressants au point de vue ethnographique, qui sont disposés en larges panoplies sur les murs de la galerie. On y peut aussi voir quatre boutiques avec leurs marchands et leurs acheteurs, quatre statues représentant des paysans, enfin un groupe de femmes faisant de la farine avec une meule à main munie d'un guide en bois.

de race mongolique descendus des hauteurs de l'Himalaya occidental. Les Mahras et les Boghsás, les Tharus, divisés en Sonsás, Khunkás, Rajiás, Dhungrás, Gusais et Kazás, se réclament aussi des Radjpoutes, dont ils ont perdu presque toutes les qualités de race par des alliances avec les Tibétains. Quant aux Kanjârs, ce sont de misérables nomades, appartenant probablement à une couche ethnique très ancienne, mais sur l'origine desquels il serait imprudent de se prononcer dans l'état actuel de la science.

Ces divers groupes de métis vivent demi-nomades tantôt sur les pentes de l'Himalaya, tantôt dans le *teraï*, région de marais et de jungles qui sépare les montagnes des plaines. Celles-ci sont occupées presque exclusivement [1] par les Indous les plus purs de tout l'Indoustan.

Les *Brahmans*, qui appartiennent surtout aux tribus Gaur [2] constituent, dit-on, la huitième partie de la population ; les *Kchatryas* ou *Radjpoutes* sont aussi très nombreux et très riches.

Les *Vaisyas* se sont développés d'une manière étonnante depuis la domination anglaise et l'on voit des castes inférieures, comme les *Ahir* ou *Gorpa*, qui ne sont que des bergers, se vanter d'appartenir à la race du dieu Krischna, tandis que de simples paysans, les *Kourmis* et les *Mourao*, se donnent tous comme de véritables Indous.

---

1) La population des provinces du nord-ouest et de l'ouest est de 44,107,869 individus, d'après le recensement de 1881 ; sur ce nombre 38,053,394, soit 86 0/0, sont Indous. On compte 5,922,886 mahométans, 79,957 jaïnas et 51,632 sujets de races mêlées, en majorité chrétiens.

2) Les nombreuses tribus de Brahmans, dispersées dans tout l'Indoustan, appartiennent à une grande famille, mais cette famille est divisée en centaines de factions par des dissensions intestines. La famille a deux grandes branches : celles de *Gaur* et celle de *Dravira*, divisées l'une et l'autre en cinq grandes tribus séparées. Les cinq tribus Gaur, Kanoujiya ou Kanga Kubja, Saraswat, Gaur, Maithila et Utkalu, sont établies dans l'Inde du nord, au nord, au nord-est et au nord-ouest de la Nerbuddha. Les cinq tribus Dravira vivent au sud, au sud-est et au sud-ouest de cette rivière ; elles se nomment Maharashtra, Tailanga ou Andhra, Dravira, Karnata et Gurjár. C'est une des tribus Gaur, celle des Adi Gaur (Gaur originaux) qui réclame la suprématie sur toutes les autres tribus de Brahmans. Les Adi Gaur se rencontrent principalement à Saharanpour, Mozuffernugger, Meerut et Bijnour, et aux environs de Delhi, Rohtuck et Hissar. Une partie de cette tribu célèbre est même descendue dans le Bengale propre.

7

Punjab. — La terre des *Cinq-Rivières*, c'est le sens du mot Punjab ou Penjab[1], compte aussi de nombreux Aryens dans sa population. Si, en effet, la statistique par religions[2] ne signale qu'un peu plus de neuf millions d'Indous sur près de vingt-trois millions d'habitants, la statistique des langues nous apprend que la grande majorité de ces habitants parle des langues indo-européennes et les enquêtes ethnologiques que les Anglais ont instituées, ont démontré que les tribus du Punjab sont, par-dessus tout aryennes (*preeminently aryan*). Même dans l'Himalaya les caractères mongoliques tendent à s'effacer vers l'ouest, tandis qu'ils sont extrêmement accusés dans l'est de la chaîne, ainsi qu'on le verra plus loin.

Parmi les éléments aryens plus particuliers à la province, il faut surtout mentionner les Jàts ou Djàts, du milieu desquels sont sortis, à la fin du xvᵉ siècle, ces vaillants guerriers sikhs, « disciples » du réformateur Nanak, qui ont si longtemps disputé aux Anglais le nord-ouest de l'Indoustan, et qui, ruinés par cette lutte acharnée, ne sont plus aujourd'hui qu'une secte religieuse, groupée principalement autour de la cité sainte d'Amritsar[3]. Les Djàts, qui entrent pour 4,432,750 dans la population du Punjab[4], offrent assez généralement un type ethnique supérieur, qui rappelle celui de la plupart des Tziganes d'Europe. Ils ont la tête ovale et allongée, le front un peu fuyant, le nez busqué, les pommettes effacées, mais les angles de la mâchoire inférieure

1) Ce mot tire son nom des cinq affluents de l'Indus : le Shilam, le Chenab, le Ravi, le Bias et le Sutlej.

2) La population totale de Punjab est de 22,712,120 habitants ; les mahométans dépassent la moitié de ce nombre, 11,662,434, les Indous sont 9,252,295 ; les Sikhs, 1,716.114 ; les Jaïnas, 42,678, les chrétiens, 133,699 ; les bouddhistes, 3,251 ; les sectateurs d'autres religions, mentionnées, pris en bloc dans le recensement, ne dépassent pas 1,649.

3) Leur nombre ne représente qu'un peu moins des 38 centièmes de la population Djàt, relevée au Punjab.

4) L'une de leurs confréries les plus célèbres est celle des Akalis ou Nihangs. Comme les anciens guerriers sikhs, qui devaient constamment avoir sur eux un objet d'acier, poignard, etc., les Akalis s'obligent à porter exclusivement des ornements de ce métal. Un curieux mannequin montre un de ces dévots personnages vêtu d'une blouse teinte à l'indigo et la tête coiffée d'un immense chapeau conique en drap de même couleur, recourbé légèrement du bout et garni d'un fronton d'acier en forme de feuille de fougère, composé d'une trentaine de lames de couteau et de quatre ou cinq pointes de flèches.

Fig. 28. Bas-relief de Kalinjar, représentant un guerrier armé d'une hache
en pierre emmanchée (d'après une photographie de M. Rivett-Carnac [1]).

1) L'exposition des provinces du nord-ouest, comme celles de la plupart des
autres provinces, abonde en matériaux de toute espèce (peintures, aquarelles, des-

saillants et le menton triangulaire et pointu. Leur teint est bronzé, leurs cheveux sont foncés et frisés, et leurs yeux noirs sont profondément logés sous des arcades sourcilières épaisses et saillantes (fig. 29).

Fig. 29. Sikh (d'après une photographie du colonel Tytler).

sins, photographies) relatifs à l'archéologie de l'empire des Indes. Ces documents sont même si nombreux que les catalogues imprimés ont énuméré en bloc les séries les plus importantes et omis complètement les autres. Il m'a donc été impossible de mentionner, même en courant, les reproductions pourtant si intéressantes de monuments indous de toute espèce accumulées dans les galeries indiennes de l'exposition. Je me bornerai à placer sous les yeux des lecteurs (fig. 28) la reproduction d'un bas-relief de Kalinjar, dont je dois la photographie à M. Rivett-Carnac et qui présente cet intérêt tout à fait exceptionnel de mettre en scène un danseur brandissant dans la main gauche une hache grossièrement emmanchée, qui ne peut être qu'une hache de pierre. Cette représentation d'un guerrier de la période néolithique n'est pas aussi ancienne qu'on pourrait le croire, étant données les observations recueillies dans nos contrées sur les instruments en pierre polie. Suivant M. Rivett-Carnac, en effet, le monument en question appartiendrait au vii° siecle de notre ère et démontrerait qu'à cette époque les haches en pierre emmanchées étaient encore en usage au cœur de l'Indoustan, au moins dans certaines danses religieuses. On sait que M. Rivett-Carnac a exhumé un grand nombre de ces haches dans les fouilles qu'il a pratiquées dans le district de Bandah.

Les Beloutches ou Biluchs, venus du Beloutchistan, forment, dans le Punjab, 51 tribus qui comptent en tout 355,238 têtes. Les Pathans sont beaucoup plus nombreux (859,582) et vivent en majorité dans les districts du Trans-Indus.

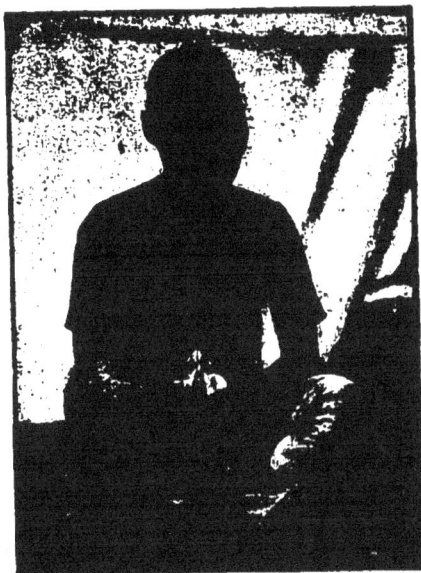

Fig. 30. — Komur (d'après une photographie du colonel Tytler).

On compte aussi, dans cette province, un certain nombre de Persans, qui exercent surtout des industries libérales et continuent une propagande plusieurs fois séculaire en faveur de leur art national. Sir Edward C. Buck, voulant faire valoir, dans la *Préface* qu'il a placée en tête du *Catalogue spécial*, l'avantage du classement géographique adopté par la commission pour les produits de l'art industriel (*Art ware courts*) des Indes anglaises, cite à titre d'exemple l'exposition du Pundjâb, où il est ainsi aisé d'observer l'influence spéciale exercée par le voisinage de la Perse [1].

1) *It is easy to observe for instance, the greater effect of Persian influence on many art manufactures in the Punjab when these are compared with these of Provinces further South: this circumstance being due to the fact that the Punjab, has always been from its position the first province to be overrun by*

Cette influence se traduit, en effet, de tous côtés dans les dessins et les photographies archéologiques de Delhi et de Lahore, comme dans les modèles réduits du *Durbar Sahib* des Sikhs d'Amritsar, dans les papiers mâchés de Kamagri, comme dans les bois sculptés d'Udoki[2] ou de Gurdaspour, et les laitons niellés de Mouradabad, dans les peintures et les gravures comme dans le mobilier et la bimbeloterie de Delhi, qu'exécutent, à côté de leurs compatriotes d'Agra ou de Bénarès, quelques-uns des plus habiles artisans de cette ville envoyés à l'Exposition.

Kashmir. — Mais c'est surtout dans l'art industriel du Cachemire que cette influence persane se manifeste avec le plus d'intensité. Les appliques décoratives en *papier mâché*, les tables, les boîtes, les vases, etc., de la même matière ne sont que des imitations de choses beaucoup plus parfaites exécutées en Perse ; les plats, les aiguières, les coupes, les candélabres, les crachoirs, etc., etc., en métal ciselé, s'inspirent des modèles persans, dont ils compliquent les motifs sans en égaler la finesse, tout en dépassant de beaucoup par leur exécution les pièces du Turkestan ou de l'Afghanistan ; les éléments les plus essentiels du décor persan se retrouvent sur les châles et les autres étoffes de laine qui ont rendu le Cachemire célèbre[1] et sur ces incomparables broderies en soie, en coton ou en laine, dont les vitrines de l'Exposition renferment de si remarquables spécimens. Enfin la sculpture sur bois, dont l'enceinte de la galerie cachemirienne est un bon spécimen[2], prend surtout ses modèles dans les monuments de l'architecture des Mongols[3].

successive inroads of invaders from beyond the North-West Frontier. (*Loc. cit.,* p. 1.)

1) Le *Screen* de Punjab est fait par des charpentiers sikhs d'Udoki et de Lahore, dans un style dérivé de l'architecture mongole.

2) On sait que l'industrie des châles, qui assurait au Cachemire un revenu de plus de 2,000,000 de francs il y a quelques années encore, est aujourd'hui presque complètement morte. Fort heureusement une autre industrie créée par un de nos compatriotes, M. Bigex, la fabrication des carpettes, utilise aujourd'hui la main-d'œuvre inutilisée des tisserands cachemiriens, arrachés par les caprices de la mode à leurs métiers séculaires.

3) C'est la reproduction en *deodar* de la veranda d'une mosquée en bois, du dernier siècle, qui existait près de Chakoti.

4) L'exposition ne renferme aucun document sur l'ethnographie des indigènes du Ladak, Dardis, Ladakis, etc., qui dépendent du Cachemire.

Nepal[1]. — Tout indépendant qu'il est en réalité, l'état du Nepal est uni par tant de liens étroits aux provinces anglaises, que l'administration de l'Empire n'a point hésité à lui faire une place dans son exposition, en respectant d'ailleurs dans son catalogue l'autonomie de son voisin (*The Independent State of Nepal*). Cette exposition népalaise est intéressante à divers égards ; on y voit, en effet, certains produits industriels peu connus des montagnards du Nord, tels que des *dhokas*, sortes de paniers soutenus par une courroie qui passe sur le front, des manteaux de pluie en paille, des instruments de musique, trompettes, tambours, etc., des poteries sans vernis, etc.

Les objets d'art sont principalement des coupes en corne de rhinocéros, des boucliers ronds de la même matière, des carquois ornés de bossettes métalliques, des *kukri* et des *koras*, sabres à tranchant concave, pointus ou carrés à l'extrémité, des vases de bronze, d'argent ou d'or, d'une ornementation toute particulière, des coiffures de parade souvent surchargées de pierres précieuses montées en argent, enfin des sculptures en bois fort artistiques, dont le *screen* de la *Nepalese Court*, copié à Patan dans un couvent bouddhique du xviie siècle, résume bien les dispositions originales. On y voit s'imbriquer dans un gracieux désordre des figures de divinités et d'animaux fantastiques, des rinceaux et des fleurs, très habilement emmêlés. Ce sont les Lokarmi qui découpent ces frontons, ces balcons, ces piliers ; mais cette caste, qui appartient à la race vaincue des Newars, est loin d'être prospère, et l'art qu'elle représente dans la société du Népal tend malheureusement à disparaître depuis l'invasion des Gorkhas.

Ces Newars, mêlés d'Indous et de Tibétains, forment encore aujourd'hui la masse de la population ; le commerce, l'agriculture, les métiers, sont toujours presque exclusivement entre leurs mains ; mais ils sont dominés par une caste militaire, celle

1) Il n'y a pas de statistique exacte de la population du Népal ; les estimations varient énormément : pour les uns, il y aurait 5,000,000 d'habitants, qui se réduiraient à 2,000,000 pour les autres.

des Gorkhas ou Khas, qui ont conquis les vallées népalaises en
1767. Ces derniers, à s'en rapporter aux photographies qui nous
les représentent, seraient, comme les Newars, des demi-sang
Indo-Mongols, issus d'alliances contractées, suppose-t-on, dans
la montagne, par des Brahmanes expulsés de la vallée du Gange
par l'invasion musulmane. Les Newars sont en majorité Bouddhistes (*Buddhimargis*) et divisés en Banhras, Udas et Jaffas ;
les Gorkhas se considèrent comme appartenant à la seconde
caste de l'Indouisme, celle des Kshatryas. Les Magars, les Gu-
rungs, dont les clans sont aujourd'hui dispersés à travers toute
la contrée, mais plus nombreux dans les vallées de l'Est, sont
presque à tous égards de véritables Tibétains. Originairement
Bouddhistes, ils se sont convertis à la religion des Gorkhas en
se mettant à leur service, et composent aujourd'hui une portion
notable des troupes népalaises.

Bhutan. — Les tribus de type mongolique ne prennent vraiment de l'importance, je viens de le dire, que dans la moitié
orientale du Népal dont tout l'ouest est encore dominé par des
populations fortement aryanisées. Au Sikhim, dépendance de la
présidence de Bengale, qui prolonge le Népal, au Bhoutan, pays
indépendant, situé plus loin encore du côté de l'Orient [1], l'élément tibétain devient prédominant. Les Kirats ou Kirantis,
les Limbous, les Lepchas, les Bhoutias ou Bhôts, sont les plus
connus de ces montagnards. L'exposition indienne en possède
des portraits qui ne diffèrent pas sensiblement de ceux que
la grande publication de MM. J. Forbes Watson et J.-W. Kaye [2]
avait depuis longtemps fait connaître. Les Kirats et les Limbous s'y montrent assez divers d'aspects et offrant les combinaisons les plus variées de caractères mongoliques et aryens [3].

1) Le Bhoutan aurait +,452,000 habitants, d'après Pimberton.
2) *The People of India. A series of Photographic Illustrations, with descriptive Letterpress, of the Races and Tribes of Hindustan, originally prepared
under the Authority of the Government of India,* etc. London, India Museum,
1868, in-4, vol. I, nᵒˢ 41 et suiv.
3) On compte dans le Sikkim seul 5,000 Limbous. Il y en a plus encore dans
le Népal entre les rivières Doud Kousi et Kanki, mais on n'en voit presque pas
au Boutan.

Les Lepchas, au contraire, sont de vrais Tibétains, petits de taille, massifs, avec des membres très musclés, mais des extrémités fines et délicates. Leur teint est olivâtre pâle; leur face est large et plate, de forme losangique, le nez est déprimé et les yeux sont obliques. Ils n'ont que quelques poils à la lèvre supérieure et leurs cheveux touffus et noirs sont rassemblés en une énorme queue, tressée le plus souvent à plat. Leur vêtement consiste en une sorte de grande chemise de coton blanc rayé de bleu et de rouge; ils portent de longues boucles d'oreilles de métal, suspendues à de larges anneaux et couvrent souvent leur tête d'un chapeau conique à bords légèrement évasés, surmonté d'un long plumet. Ils sont constamment armés d'un long et lourd couteau à lame droite qu'ils appellent *han*, tandis que les Limbous se servent du *Kuhri* népalais[1].

Les Bhoutias ou Bhôts sont aussi tibétains de sang que les Lepchas. Sir S. D. Hooker assigne les mêmes traits aux deux populations et tous ceux qui ont visité Darjiling, insistent sur l'aspect tout à fait mongolique des Bhoutias qu'ils y ont vus. Ils s'habillent de robes flottantes serrées à la taille par une ceinture de cuir, dans laquelle ils passent leurs pipes de fer ou de cuivre et qui supporte, en outre, leur couteau, leur poche à tabac, leur boîte à briquet, leurs pincettes, etc. Les femmes sont couvertes de longs jupons et de corsages de flanelle sur lesquelles elles drapent un court manteau tenu autour de la taille par un cercle de cuivre ou d'argent, qui porte leurs ciseaux et leurs couteaux. Les deux sexes ont des anneaux et des ornements d'oreilles garnis de turquoises et des amulettes carrés appliqués au cou et aux bras. Les cheveux sont tressés en deux queues et le cou est chargé de grains de corail et de verre, mêlés de gros morceaux d'ambre et d'agate.

La religion des Bhoutias est, suivant Pimberton, une forme du bouddhisme dont les cérémonies sont surtout remarquables par le bruit qui les accompagne : des clarinettes en métal ou en bois, des trompettes en corne ou en coquille, des cymbales, des

---

1) Les Lepchas sont au nombre de 4,000, d'après le *Census* de 1881. Ils se subdivisent en Rong et en Khàmba.

tambours et des gongs forment en l'honneur des idoles les concerts les plus épouvantables.

Assam. — L'Assam occupe, comme l'on sait, l'angle nord-est
des possessions anglaises ; il s'étend au nord jusqu'au pied de
l'Himalaya oriental, au nord-est et à l'est, il confine à l'Etat
indigène de Manipour et aux régions sauvages de la Birmanie
supérieure. On y distingue trois grandes divisions naturelles, la
première formée des six districts de la vallée du Brahmapoutra,
la seconde des plaines de la Surma, et la troisième des régions
montagneuses qui séparent les deux vallées l'une de l'autre.
L'ensemble de ces trois territoires est peuplé par 4,881,426 habitants, qui appartiennent à plus de quarante petites nations distinctes par la langue, l'état social, les coutumes et souvent aussi
par les caractères physiques.

Ce morcellement exceptionnel de la population est dû, sans
aucun doute, à la situation toute spéciale de l'Assam qui est
l'une des entrées de l'Inde et qu'ont dû traverser à maintes
reprises les tribus qui venaient du nord-est tenter un établissement dans ce pays. En s'avançant le long du Brahmapoutra
vers le Gange, les envahisseurs ont laissé sur leur route des
colonies qui se sont maintenues plus ou moins distinctes jusqu'à
nos jours [1].

M. George Watt groupe les nombreuses tribus Assamaises en
cinq grandes sections [2]. La première renferme sous le vocable de
Bodo l'ensemble des indigènes fixés depuis longtemps au cœur
du pays sous les noms de Kacharis, Laloungs, Gáros, Choutiyas,
Mèchs, Kòchs ; la seconde comprend les tribus *Shàn*, Ahom,
Khamti, Singpho, etc., venues du Sud à une époque comparati-
vement récente et dont nous avons dit quelques mots en résu-
mant les documents relatifs à la Birmanie. La troisième section

---

1) Les Santals du Choutia-Nagpour, dont il sera question plus loin, se disent
entrés ainsi dans l'Inde par le nord-est de l'Himalaya. Il paraît même qu'ils ont
une tendance à revenir aujourd'hui sur leurs pas et à regagner l'Assam par le
Gange et le Brahmapoutra.

2) G. Watt. *Op. cit.*, p. 164-172. — Ces cinq groupes comptent ensemble
4,811,426 têtes.

est formée par les *Lopas* établis dans le nord et le nord-ouest de la province, Akas, Duflas, Miris, Mishmis, Abôrs ; la quatrième est composée de montagnards *Nagas*, de la frontière du nord-est, Angamis, Kuchas, Rengmas, Semas, Lhotas, Banfaras, Jaktungias, Hathizorias, et comprend en outre différentes petites tribus Nagas du Manipour. Dans la cinquième enfin, M. Watt fait entrer tout ce qui représente des éléments ethniques communs à l'Assam et aux autres contrées de l'Inde et en particulier ce qu'il nomme les Aryens de l'Assam, les *Kolitas*, caste inférieure qui a conservé néanmoins assez bien dans ses traits et dans sa langue le cachet de son origine.

Les Lopas sont des Bhôts, atténués quelque peu dans l'exagération de leurs caractères mongoliques. L'une des *sub-courts* de l'Assam nous montre une collection de curieux mannequins de Lopas ; un des personnages mis en scène est Mishmi Chulikata : deux autres sont Daflas, un quatrième est Abôr. Le Mishmi, vêtu d'une étoffe de coton à raies sombres, porte tout un arsenal d'armes offensives et défensives, son sabre, droit, à poignée sans garde, ornée de glands de cuir, est logé dans un fourreau de cuir garni de cuivre, son poignard, à bout carré [1], est cerclé de bandes de rotin ; l'arc est muni d'une poignée en bois découpé et la corde, qui est double, a un fort doigtier en coton ; le carquois est en bois orné de liens de rotin, et fermé d'un couvert cylindrique. Un grand bouclier cordiforme, tressé en paille et en rotin, est pendu à la ceinture du guerrier et une hotte en vannerie, de forme bizarre, est fixée sur ses épaules. Le Dafla attire l'attention par sa singulière coiffure en forme de casquette de jokey, surmontée de deux plumes recourbées, son énorme hausse-col en argent ciselé, quadrilatère, à bords concaves, presque aussi large que ses épaules, et ses deux disques d'oreilles, du même métal également ciselé, portés sur un cylindre de bois qui traverse le lobule. La femme de ce personnage est vêtue d'un pagne à carreaux et d'un chapeau sans

---

1) Un Singpho qu'on voit à côté, est armé d'un sabre à bout carré, le *dao* semblablement fixé à un fourreau de bois et que supporte un cercle de bambou porté en sautoir.

fond, fait d'une simple bande d'écorce repliée. L'Abôr a un
bonnet de vannerie, orné de deux dents de sanglier; son arme
est un couteau dont le fourreau tout primitif supporte la lame
sans l'enfermer, à l'aide de quelques bandes de rotin[1]. Il porte
de curieux vases en bois et en calebasse, cylindriques ou coni-
ques, auxquels des cercles de bambous forment de larges anses.

Deux mannequins Gáros représentent dans une seconde *sub-
court* l'ensemble des tribus Bodós, dont les produits divers font
d'ailleurs assez curieuse figure dans la galerie des Arts industriels. Ce sont des bijoux d'or ou de cuivre : anneaux d'oreilles,
bracelets, etc., des ornements bizarres en plumes de paon, des
colliers de verroteries ou de grains de bois laqués, enfin, des
étoffes en soie, en coton, en écorce d'arctocarpée, etc., etc. Les
mannequins Garós que l'on nous montre sont surtout remarquables par la profusion d'ornements de métal dont ils
sont couverts. La femme possède en particulier des boucles
d'oreilles énormes, formées de deux larges cercles de cuivre
passés, l'un dans l'ourlet, l'autre dans le lobule, et dont chacun
supporte lui-même dix à douze autres anneaux enfilés; elle est
chargée en outre de colliers, de bagues, de bandeaux, de bracelets : de ces derniers les uns sont demeurés ouverts à la façon
antique, les autres sont soudés et portent une sorte de chaton en
relief. La coiffure de l'homme Gáro se compose d'une pièce de
coton drapée autour de la tête et dont un des bouts tombe à
gauche, à la façon des turbans qui couvraient les chaperons à la
fin du moyen âge.

Quelque intérêt que puissent avoir ces représentations des
peuples Bodós, Shans, ou Lopas, on ne saurait les comparer
à aucun titre aux étonnantes figures dont le commissaire de
l'Assam a emprunté les éléments aux montagnards Nagás. Il
y a là surtout deux chefs, en costumes officiels, qui défient
presque toute description. Un devantier bleu foncé, orné de
rangées de coquilles, cache le haut des jambes; un court man-

---

1) Le Musée d'ethnographie du Trocadéro possède un vieux sabre de cava-
lerie d'origine européenne, garni d'un fourreau fort analogue. Cette pièce vient
de la vallée du Niger.

telet de coton, teint de rouge et de bleu, pend sur les épaules ;
plusieurs fils de perles bigarrées tournent autour de la tête,
suspendant des coquilles, autour d'un bonnet conique en paille
tressée, le tout frangé de poil de chèvre teint en rouge. Puis
ce sont des ornements d'oreilles formés d'un petit cône en
ivoire d'où pendent des flots de poils rouges, de grandes
appliques rondes en cuivre, sertissant des graines rouges et
blanches et toutes entourées de crins noirs, de longues boucles
de cheveux humains provenant des ennemis massacrés, et entre-
mêlées de poils de chèvre rouges et de coquilles, des anneaux de
bras en ivoire, de forme cylindrique, etc. Les armes sont une
grande lance de bois dur, à pointe et à soc de fer, toute ornée de
poils rouges taillés courts en manière de gros velours, un arc
avec ses flèches, un carquois en bambou, enfin, un grand bouclier plat en peau de tigre, en forme de quadrilatère légèrement
excavé sur ses plus longs côtés, orné sur son bord supérieur de
trois énormes plumets. Cet ensemble guerrier rappelle immédiatement à l'esprit l'équipement splendidement barbare des
chefs des tribus des grandes îles indiennes, de Bornéo à
Timor.

Déjà Riebeck avait recueilli dans le Chittagong[1] des collections ethnographiques dont les pièces principales, étoffes polychromes, métiers à tisser, vanneries, fétiches, etc., rappelaient
de la manière la plus frappante les objets analogues des insulaires de Tenimber, Letti, Bourou, figurés dans l'atlas de Salomon Müller. J'ai relevé, dans le chapitre précédent, des faits de
même ordre observés chez les Karens. M. Dévéria en a récemment donné d'autres dans sa *Frontière indo-sinique.* Enfin, tout
ce que nous savons des Muongs de la rivière Noire, des Khâs du
plateau d'Attopeu, etc., tend à les rapprocher tout à la fois des
Karens d'une part et de l'autre des Dayaks, des Battaks et en
général des populations qui habitent le centre des grandes îles
malaises.

---

[1] Dr Riebeck. *The Chittagong Hill-Tribes. Results of a Journey made in the
Year.* 1882. London, Asher, 1885, in-fol. — Cf. *Rev. d'Ethnogr.*, t. IV, p. 362.
1885.

J'ajouterai que les caractères fournis par la crâniologie, et en particulier ceux qui se tirent de la disharmonie du crâne allongé d'avant en arrière et de la face dilatée en travers autorisent aussi à rapprocher dans un même groupe ethnique, les montagnards du nord-est de l'Inde anglaise et ceux du centre de l'Indo-Chine que j'ai classés, dès 1880, dans mon groupe indonésien.

Bengal. — La présidence du Bengale, subdivisée en Bengale propre, Behar, Orissa et Choutia-Nagpour[1] comprend en outre dans ses annexes plusieurs contrées, qui se rattachent bien plutôt à celles qui viennent d'être passées en revue, le Sikkim, par exemple, dont il a été dit quelques mots à propos du Bhoutàn, le Tipperah et le Chittagong, dépendances naturelles de l'Assam. Ces dernières contrées sont peuplées de tribus fort mêlées et communément divisées en *Khyoungtha* ou enfants de la rivière et *Thoungtha* ou enfants de la montagne.

Les collections de l'Exposition Indienne ne nous apprennent rien de nouveau à leur sujet. Mais elles renferment des documents intéressants sur l'ethnographie de l'Orissa et du Choutia-Nagpour.

Les Khands ou Khonds des montagnes qui s'élèvent entre les bassins du Godaveri et du Mahanadi et qu'il ne faut pas confondre avec les Gonds dont j'ai parlé plus haut, y sont représentés à la fois comme plus petits, plus noirs et plus crépus, en un mot

---

1) La population totale de la présidence était en 1881 de 69,536,861 individus, ce qui représentait en moyenne 360 têtes par mille carré. En ne tenant compte que du Bengale propre, le nombre d'habitants s'élevait alors à 506 personnes par mille ; les provinces nord-ouest en avaient 403, Madras 221, Bombay 133, le Penjab 159, les Central Provinces 102. On sait qu'en Angleterre et dans le pays de Galles, le même nombre atteint 445, qu'il s'abaisse à 121 en Ecosse, à 35 en Russie et à 13 en Norvège. Les 69,536,861 habitants de la présidence du Bengale se décomposaient au point de vue religieux en 43,452,806 indous, 21,704,724 mahométans, 128,153 chrétiens, 155,809 bouddhistes et 2,092,369 aborigènes, ne rentrant par leurs croyances dans aucun des groupes précédents. Au point de vue des castes on comptait 4,897,428 individus de hautes castes, 2,777,124 de castes moyennes, 963,159 commerçants, 4,115,377 pasteurs, 924,984 s'occupant d'industries alimentaires, 6,875,193 agriculteurs, 2,804,003 domestiques, 4,482,471 artisans, 1,619,344 tisseurs, 546,839 laboureurs, 142,417 fruitiers et poissonniers, 2,131,433 marins et pêcheurs, 43,255 musiciens et danseurs, etc. (Watt).

plus négroïdes que leurs voisins. Les documents de l'Exposition indienne nous les montrent tête nue, drapés dans une pièce d'étoffe et armés de la hache et parfois aussi de l'arc et des flèches. Ces Khonds, qui parlent une langue dravidienne, sont surtout connus par les *sacrifices humains* qu'ils offrent à leur dieu Pennou. Les victimes, dit M. Watt, sont appelées *toki, keddi,* ou plus ordinairement *meriahs,* et fournis par les Pàn, Indous de basse caste, qui vivent en pays Khond et commercent avec les gens des plaines auxquels ils achètent des enfants volés. Les Khonds traitent avec vénération les enfants ainsi devenus *meriah* et ont pour ces malheureux beaucoup d'égards, jusqu'au moment où les rites les réclament. Alors c'est avec la plus terrible cruauté qu'ils accomplissent leurs cérémonies infâmes ; les corps des pauvres petits sont littéralement mis en pièces, et chacun des délégués en emporte une parcelle pour l'offrir dans son village au sanguinaire Pennou. Un petit trou ayant été creusé dans un champ choisi à cet effet, le chef du village, auquel la chair humaine a été remise s'approche à reculons et dépose avec les deux mains placées derrière le dos l'offrande sacrée dans le trou qu'il couvre de terre sans le voir. Ces sacrifices sont rigoureusement interdits depuis plus de trente ans par les autorités anglaises, et ce n'est que de loin en loin qu'un *meriah* peut encore être offert au dieu des Khonds.

Les Ouràons du Choutia-Nagpour rappellent par leurs caractères physiques les Khonds de l'Orissa. A en juger par les photographies de M. Dalton, ils seraient même plus voisins encore que ces derniers de la race négrito, dont les montagnes du Deccan ont conservé le type à peu près pur, ainsi que je l'ai déjà dit. Mais les statues de l'Exposition n'ont tenu aucun compte des découvertes de M. Dalton, et le type ouràon que deux d'entre elles représentent est fort différent de celui que le savant ethnologue a représenté dans son célèbre ouvrage.

Les documents recueillis par M. Watt nous apprennent que le groupe des Ouràons compte plus de 500,000 têtes, que son langage est apparenté de très près à celui des Tamouls, que certaines particularités ethnographiques le rapprochent des

Assamais, enfin que le culte s'y adresse moins à l'Être suprême,
dont la tribu reconnaît l'existence, qu'aux mauvais Esprits, dont
elle redoute l'intervention. Les Malers du Radjmahal, aussi petits,
presque aussi négroïdes de traits que les Ouráons, leurs voisins,
sont bien plus clairs de teint et bien plus rapprochés par leurs
croyances et leur manière de vivre des castes indoues inférieures.
Les Bhuiyas ou Bhuinyas qui habitent la même province peuvent
être considérés comme *semi-hinduised* suivant l'expression de
M. Watt [1].

Il subsiste d'ailleurs à côté de tous ces Dravidiens, des Kolariens fort nombreux. Les principales nations kolariennes du
Choutia-Nagpour sont celles des Santáls, des Mundaris ou
Munda-Kóls, des Hôs ou Larka-Kóls, et enfin des Bhumis.
Ces quatre groupes représentent ensemble plus de deux millions d'habitants [1]. Leur ethnographie est encore très imparfaite,
et l'Exposition ne contient rien de bien utile à mentionner sur
leurs traits ou sur leurs mœurs. Elle ne nous fait rien savoir non
plus de bien intéressant sur les gens du Behar, ni sur ceux du
Bengale propre, dont elle nous présente seulement quelques
sujets vivants exécutant laborieusement sous les yeux du public
divers travaux artistiques dans la cour du *Palais Indien*.

Les principaux produits de l'art de ces bengalais sont des
peintures, assez médiocres d'ailleurs, exécutées à Shahabad et à
Puri, des sculptures d'un type tout conventionnel, produites par
les tailleurs de pierre de Gayá et de Dainhát, les modelages en
terre de Krishnagarh dont nous avons déjà longuement parlé,
enfin les décors sur terre cuite de Kalighát, de Dinajpour, etc. Le
Rajah Sir Sourondro Mohan Tagore, Kt. Mus. Doct. C. I. E., que
connaissent les mélomanes du monde entier, a exposé sa célèbre
collection instrumentale, et divers agents du gouvernement
indien ont rassemblé de précieuses séries de filigranes d'or et

1) Les Bhuiyas compteraient, d'après cet ethnographe, 60,000 âmes environ ;
les Malers seraient au nombre de 150,000.
1) Il résulte, en effet, des statistiques qui nous ont été communiquées, que les
Santals sont aujourd'hui au nombre de 1,087,202 ; que les Munda atteignent le
chiffre de 591,858 et que les nations Ko et Bhumij comptent respectivement
190,000 et 300,000 individus.

d'argent, de vases, de coupes, etc., en métaux précieux, de statuettes de divinités, d'armes offensives et défensives, d'ivoires,
de laques, de bois et de pierres dures, etc., etc.

Le public admire surtout, dans le *Bengalese Screen*, les célèbres mousselines de Dacca. Quoique l'on prétende chez certains
connaisseurs que ces minces étoffes sont aujourd'hui très inférieures à celles qu'on faisait autrefois, les acheteurs s'étonnent
toujours de voir peser seulement 1,600 grains (103 gr. 66) une
pièce qui mesure quinze yards de long sur un yard de largeur,
soit 12 mètres carrés 1/2 [1]. Ces tissus, d'une finesse si surprenante,
ont d'ailleurs reçu dans le commerce les noms fort expressifs de :
dew of evening (rosée du soir), *running water* (eau courante) ;
woven air (zéphir tissé), etc., etc.

Les *screens* bengalais contiennent encore des cotonnades
imprimées au bloc ; à Calcutta et à Patna, des lainages et des
soieries de Bhagalpour et de Bankura, des broderies de soie et
de métal de Murshidabad et de Birbhum, enfin de curieuses vanneries, dont Monghyr a la spécialité. Les *screens* qui encadrent
toutes ces curieuses choses sont imités du temple de Krishna à
Kantanagar et de la mosquée bâtie à Gaur, l'ancienne capitale
du Bengale, par Nusrah-Shah en 1530.

A l'Exposition bengalaise se rattache plus spécialement le
palais indien (*indian palace*), qui est sans contredit la chose la
plus remarquée de l'Exposition tout entière. Voici en quelques
mots l'histoire et la description de cet important ouvrage. Dési-
reux de montrer aux visiteurs de l'Exposition indienne, non-
seulement, les produits les plus remarquables des industries
d'art de l'empire, mais aussi les procédés à l'aide desquels les
indigènes savent en assurer l'exécution, la commission supérieure avait résolu de réunir dans un bâtiment spécial un assez
grand nombre d'artistes indous pour organiser sous les yeux du
public de petits ateliers en action. M. C. P. Clarke, *Keeper* de
l'*Indian Museum*, fut envoyé dans l'Inde, et il en rapporta le plan

---

1) On assure que d'anciennes mousselines de Dacca pesaient 900 grains
seulement (58 grammes 31) à la pièce de 15 yards sur 1 (12 mètres carrés 54).

général des *screens* dont nous avons parlé et du palais que je vais rapidement décrire.

Fig. 31. Tourneur bengalais (d'après une photographie de M. Mallitte).

L'entrée du monument est occupée par une grande porte en pierre, offerte au South-Kensington Museum par S. H. le Maha-

radjah Scindiah. Cet énorme morceau de sculpture, tout couvert
d'arabesques et d'animaux en relief, a été dessiné et exécuté
sous la direction du major Keith, de l'*Archæological Survey of
India*.

Au delà de la porte est la cour dite *Karkhaneh*, entourée de
treize chambres où travaillent des imprimeurs sur coton, des
fabricants de tapis et de brocard, des orfèvres, un graveur, un
tourneur, etc. Les visiteurs qui ne connaissent point l'Orient
sont fort étonnés de la simplicité des moyens d'action utilisés
par ces artisans habiles et de la grossièreté des instruments
avec lesquels ils parviennent à fabriquer des choses si jolies et si
fines. Ce qui m'a paru encore plus remarquable que la rudesse
des outils indous, c'est l'habileté prodigieuse avec laquelle les ouvriers les guident de la main et même du pied. La figure ci-jointe
montre, par exemple, un tourneur conduisant ainsi entre les deux
pieds le ciseau qu'il tient de la main gauche, tandis que sa main
droite fait fonctionner l'archet qui imprime le mouvement à
l'arbre de son tour. Les échoppes des travailleurs indiens occupent
trois côtés de la cour ; le quatrième est formé par le *Durbar
Hall*, supporté par une série de colonnes monumentales, formant
une sorte de porche (*hall of columns*), qui conduit à un vesti-
bule orné d'une fontaine et drapé en manière de tente, puis à
un salon intérieur installé avec beaucoup de goût et de richesse,
à la manière indienne par deux artistes de Bhera, et qui sert de
lieu de réception au prince de Galles, président du Comité de
l'Exposition, dans les grandes circonstances. On trouve dans le
passage qui contourne la tente-vestibule, une très belle collection de soieries indiennes (*Silk Court*) qui permet d'apprécier les
progrès énormes qu'a faits dans l'Indoustan, depuis quelques
années, l'industrie de la soie.

Ce curieux ensemble architectural construit à si grands frais
n'est heureusement point destiné à disparaître, comme les palais
de tant d'autres expositions universelles ou nationales; palais
et collections de l'Inde appartiennent au gouvernement, qui s'est
fait également remettre les objets recueillis par les comités officiels des autres possessions de la couronne. Or, grâce à l'inter-

vention personnelle du prince de Galles, l'œuvre toute provisoire de l'Exposition de South-Kensington devient en ce moment quelque chose de définitif.

Malgré l'opposition intéressée des marchands de la Cité, qui
auraient voulu continuer à imposer aux colonies et à la métro-
pole un onéreux courtage, un établissement spécial se crée à
Londres sous le nom d'*Institut colonial* et un musée permanent
de l'Inde et des colonies sera le principal moyen d'action de l'insti-
tution nouvelle. L'Exposition de 1886 en est déjà comme le
noyau. Ce musée permanent sera utilitaire avant tout sans aucun
doute; les hommes qui s'intéressent plus particulièrement aux
choses de la science et de l'art y trouveront cependant de nombreux éléments d'étude, ainsi que je crois l'avoir surabondam-
ment démontré dans les pages que l'on vient de lire.

TABLE DES MATIÈRES

TABLE DES FIGURES

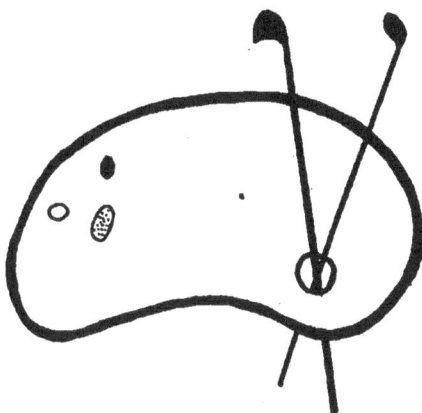

ORIGINAL EN COULEUR

NF Z 43-120-8

www.ingramcontent.com/pod-product-compliance
Lightning Source LLC
Chambersburg PA
CBHW052219270326
41931CB00011B/2410